리더들은 어떻게
위기를 기회로
바꾸었는가

혼돈의 시대
리더의 길

리더들은 어떻게
위기를 기회로
바꾸었는가

혼돈의 시대
리더의
길

박홍규 지음

EBS
BOOKS

혼돈과 위기의 시대,
우리에게는 어떤 리더가 필요할까?

2020년은 코로나19로 인해 온 세상이 난리였다. 21세기에 들어와서 세계화Globalization라고 하는 경향이 뚜렷이 나타났는데, 전염병도 세계화되어버린 듯하다. 코로나가 중국에서 발생했다는 점에 대해서는 논쟁거리가 있지만, 여하튼 세계화로 인해 코로나19가 지구를 단숨에 석권해버렸다는 점에 대해서는 부정할 수가 없다.

이스라엘의 역사학자이자 세계적인 스테디셀러 《사피엔스》의 저자이기도 한 유발 하라리는 "코로나19 팬데믹(세계적 대유행) 상황은 불가피한 자연재해가 아니라 인간의 실패다."라고 지적한 바 있다. 그 말은 사실이다. 권위주의적인 포퓰리즘 리더십으로 코로나19에 대처했던 미국이나 영국은 방역에 실패했다. 러시아나 브라질 같은 나라도 마찬가지다.

우리나라의 경우는 코로나19에 대한 조치가 초반에는 갈팡질팡했으나 민주성, 공개성, 투명성을 바탕으로 한 민주적 리더십으로 철저하게 방역을 한 덕분에 세계적인 모범 국가로 칭송을 받을 수 있었다. 우리나라도 한때는 권위주의적인 수준을 넘어 심지어 전체주의적인 경향을 보였던 정권도 있었는데, 만약 그때 코로나19와 같은 심각한 전염병이 발생했다면 이번처럼 슬기롭게 극복하지 못했을 것이다.

　　코로나19는 사회적 재난이었을 뿐만 아니라 세계 무역을 축소시키면서 경제적 재난까지 야기했다. 코로나19 사태를 정치적으로 이용하려는 움직임이 보인다는 분석도 나오는 형편이라 정치적 재난까지도 고려해야 한다. 코로나19의 대유행으로 인해 일상이 무너지고 모든 것이 낯설고 새로운 환경에서 살아가야 하니 문화적 재난도 닥치고 있다.

　　코로나19로 인한 여러 가지 사회적, 경제적, 정치적, 문화적인 위기는 단순히 일시적인 현상은 아닌 것 같다. 우리가 살아온 인류 역사에 있어서의 변화, 좀 거창하게 말하면 인류사적, 문화사적, 문명사적인 어떤 전환기에 서 있다는 느낌이 들 정도다. 이런 상황이 나는 19세기 후반부터 20세기 초반과 중반까지 인류가 겪어야 했던 그야말로 가장 극심한 수난기에 벌어졌던 일들과 많이 닮아 있다는 생각이 든다. 양차 세계대전과 대공황, 그 사이에 덮친 스페인 독감으로 인류의 삶이 피폐해질 대로 피폐해졌던 그때 그 시절 말이다.

그래서 19세기 후반에 태어나 20세기 초반과 중반에 세계사적인 위기 상황을 극복했던 5인의 리더, 즉 인도를 이끈 간디, 영국을 이끈 처칠, 소련을 이끈 스탈린, 미국을 이끈 루스벨트, 독일을 이끈 히틀러의 삶을 들여다보면서 성찰을 하면 지금 우리에게 주어진 문제들을 해결할 수 있는 지혜를 얻을 수 있지 않을까 싶다. 그것이 바로 이 책을 집필하게 된 동기다.

이 5인의 리더에 대해서는 여러 가지 평가가 있다. 그중에서 1974년 7월 15일 〈타임〉이라는 미국의 잡지사에서 실시했던 설문 조사가 흥미롭다. 인류 역사상 가장 위대한 리더가 누구냐는 조사를 했는데, 가장 높은 점수였던 4점을 받은 사람이 간디, 링컨, 그리고 히틀러였다. 히틀러가 어떻게 최고점인 4점을 받을 수 있냐고 의아해할 사람도 있겠지만 '가장 위대한'이라고 하는 것은 우리가 평소에 생각하는 그런 의미가 아니라 영향력이 가장 큰, 즉 가장 강력한 리더라는 의미를 담고 있다. 만약 '위대한 리더'를 '영향력이 크고 강력한 리더'라고 본다면 히틀러가 충분히 들어갈 수도 있겠다는 생각이 든다.

3점을 받은 리더들은 예수, 루스벨트, 레닌, 알렉산더대왕이었다. 예수를 리더라고 본 것도 좀 의외지만 루스벨트, 레닌, 알렉산

더대왕을 예수와 같은 점수로 책정했다는 것도 놀랄 만한 일이다. 기독교도 입장에서는 이것이 유쾌하지 않은 일일 테지만 아무튼 〈타임〉이라는 잡지에서는 그렇게 평가했다. 마지막으로 2점을 받은 리더는 부처, 공자, 시저(카이사르), 그리고 마오쩌둥 4인이었다.

이 책에서는 최고 점수인 4점을 받은 간디와 히틀러, 그리고 3점을 받은 루스벨트와 함께 처칠과 스탈린까지 다루고 있다. 〈타임〉의 평가에서 처칠이 빠진 것은 좀 놀라운 일이다. 2차 세계대전에서 처칠이 보여준 결단력 있는 리더십은 많은 사람에게 회자되고 있으며, 이 책에서 다루는 리더들 중에서도 사상 많은 자료가 존재할 정도로 우상시되는 경향이 없지 않기 때문이다. 스탈린도 〈타임〉의 순위 안에 들어갈 정도는 아니어도 러시아를 세계 2위의 경제대국으로 끌어올린 인물이기 때문에 러시아인들에게 그는 여전히 중요한 리더다.

이들에 대한 또 다른 재미있는 설문조사가 있다. 20세기가 끝나는 1999년 4월 18일, 〈뉴욕타임스〉에서 역사상 최대의 선인은 누구냐 하는 조사를 한 적이 있다. 거기에서 1위로 선정된 사람이 바로 간디였다. 〈뉴욕타임스〉에서는 간디에 대해 지난 1,000년간 최고의 혁명으로 영국의 식민 통치에 저항한 비폭력투쟁의 지도자라고 평가했다. 간디는 그야말로 가장 선한 리더였다. 보통 리더라고 하면 정치인이나 경제인이 떠오르는데 간디는 그런 위치에 있지 않았음에도 불구하고 순수한 리더, 정신적인 리더, 도덕적인 리더로 사람들에게 강력한 영향력을 끼쳤다.

선한 리더였던 간디와 거의 대척점에 서 있는 악한 리더는 두말할 나위도 없이 히틀러와 스탈린을 꼽을 수 있겠다. 히틀러나 스탈린은 현재 악인으로 평가를 받고 있지만, 그들의 나라인 독일이나 러시아에서는 반드시 그렇지만은 않다. 그들이 자신의 조국에서 리더의 역할을 수행할 때는 악인은커녕 영웅 내지는 구원자 대접을 받았다.

이처럼 인물에 대한 평가는 여러 가지 관점이 있다. 아무튼 확실한 건 히틀러나 스탈린의 시대는 가고 루스벨트의 시대가 오고 있다는 건 분명한 흐름인 것 같다. 독재적이고 파괴적인 방식으로 경제발전을 이루었던 히틀러나 스탈린 식이 아닌, 뉴딜정책이라는 혁신적인 정책으로 미국을 변화시킨 루스벨트 식의 리더십이 요구되는 세상이다. 루스벨트는 미국 사회를 수백 년 동안 지배해온 자유방임주의를 포기하고 정치사상, 정치철학에 있어 대변화를 일으킨 리더였다.

개인적으로는 권위주의와 일원주의로 상징되는 처칠, 스탈린, 히틀러의 시대가 가고 민주주의와 다원주의로 상징되는 간디, 루스벨트의 시대가 왔으면 하는 바람이 있다. 거기에 하나를 더하자면 생태 사상을 우리에게 전했던 간디의 리더십이 전 세계적으로 전개되었으면 하고 바란다. 코로나19라는 전염병만큼 지금 우리에게 닥친 심각한 위기 중에 하나가 바로 기후변화로 인한 자연재해와 생태 위기인데, 그것을 극복할 수 있는 방법이 간디 리더십에 담겨 있기 때문이다.

박홍규

차례

제1장

20세기의 시작, 그리고 제국주의

제국주의는 언제부터 시작된 것으로 보느냐에 따라 여러 가지로 정의된다. 최광의로 는 고대 그리스 로마제국의 패권주의적 영토 확장부터 시작하는 것으로 본다. 광의로는 15세기부터 18세기 사이 유럽 국가의 아메리카 대륙 식민지화를 중심으로 한 중상주의 적 제국주의, 다시 말해 '구 제국주의'부터 시작하는 것으로 본다. 협의로는 산업혁명 이 후 본격적으로 전개된 식민지 쟁탈전부터 시작하는 것으로 보고, 최협의로는 1차 세계대 전 직전부터 대부분의 식민지가 독립하는 1960년대까지로 본다. 이 책에서는 그중에서 최협의의 제국주의에 대해 이야기하고자 한다.

20세기의 시작은 언제부터일까?

보통 세기는 100년 단위로 끊기 때문에 1세기는 1년부터 100년까지를 이르며 2세기는 101년부터 200년까지를 이른다. 그런 셈으로 따졌을 때 우리가 지금 살아가고 있는 21세기는 2001년부터 2100년까지다.

세기를 따지는 기준을 감안하면 20세기는 당연히 1901년부터 시작돼야 한다. 하지만 20세기만큼은 따지는 기준이 참 복잡하다. 역사가들에 따라서 20세기의 실질적 시작이 언제냐에 대해서는 이견이 있다. 아무래도 20세기가 인류 역사상 가장 극단적인 시대였기 때문에 그 시작을 정의하는 것조차 쉽지 않은 듯하다. 오죽하면 에릭 홉스봄Eric Hobsbawm이라는 영국 역사학자는 자신이 쓴 20세기 역사책의 제목을《극단의 시대》라고 했을까.

일단 20세기를 극단의 시대라고 표현했던 홉스봄은 20세기의 시작을 1901년부터가 아니라 1914년부터라고 주장했다. 1차 세계대전이 발생한 1914년부터, 냉전시대가 끝나면서 소련이 몰락한 1991년까지를 20세기로 보았기 때문이다. 보통 한 세기는 100년이지만 홉스봄의 견해에 따르면 20세기는 78년밖에 되지 않는다. 그래서 홉스봄은 '짧은 20세기short twentieth century'라는 표현을 썼다. 이는 홉스봄이 19세기를 1789년부터 1914년까지로 보고 '긴 19세기long nineteenth century'로 부른 것에 대응한다. 본격화된 식민지 쟁탈전, 그리고 자본주의 발전과 정착을 통해 확고한 지위를 굳히게 된 부르주아 자유주의 시대를 19세기로 정의한 것이다.

20세기의 시작을 1919년으로 보는 견해도 있다. 1차 세계대선이 끝난 시점이다. 1차 세계대전이 끝남으로써 100년 혹은 몇 백년 동안 유지된 서양 중심의 근대라는 시대가 함께 막을 내렸는데, 그것을 새로운 세기의 시작으로 보는 이들이 내세운 기준이다. 서양 중심의 근대 시대를 100년에서 몇 백 년 사이로 광범위하게 가늠하는 이유는 광의로는 15~16세기 초에 일어난 르네상스나 지리상의 발견, 또는 종교개혁 이후를 근대로 보지만 협의로는 나폴레옹전쟁 이후를 근대로 보기 때문이다.

20세기의 시작을 1차 세계대전이 끝난 시점을 기준으로 삼는데는 유럽을 비롯한 많은 나라에서 1차 세계대전을 끝으로 왕조시대가 막을 내린 이유도 있다. 물론 근대가 시작되면서 모든 나라의 왕조시대가 막을 내린 것은 아니다. 그 시작과 끝은 나라, 그리고 지역마다 달랐다. 예를 들어 프랑스 같은 나라는 일찌감치 프랑스

대혁명을 거치며 왕조시대를 청산했고, 우리나라는 1차 세계대전이 끝난 시점보다 좀 더 일찍 왕조시대가 끝났다. 대한제국의 역사가 1910년에 끝났으니 말이다. 하지만 대체로 1차 세계대전을 기준으로 왕조시대에 마침표를 찍은 나라들이 많은 편이다.

그런데 잘 알다시피 1차 세계대전은 1918년에 끝났다. 그럼에도 불구하고 1919년을 20세기의 시작으로 보는 이유는 1919년에 세계사에서 처음으로 민족자결주의와 국제연맹 등이 등장하면서 새로운 국제질서가 형성되었기 때문이다. 새로운 국제질서가 형성되면서 새로운 시대로의 관문이 열렸다고 보는 것이다.

스페인 독감은 1차 세계대전에 어떤 영향을 미쳤나?

그런데 1918년에 발생한 스페인 독감과 연관시켜서 그해가 20세기의 시작이라고 보는 견해도 있다. 20세기가 독감으로 시작되었다니, 좀 놀라울 수도 있겠다. 스페인 독감이 발생한 1918년은 1차 세계대전이 끝난 해이기도 한데, 스페인 독감으로 인해 1차 세계대전이 서둘러 종결되었다고 판단하는 이들도 있다. 스페인 독감으로 인해 1차 세계대전으로 죽은 사람들보다 훨씬 많은 사람들이 죽었기 때문이다.

스페인 독감이라고 해서 왠지 스페인에서 시작돼 세계적으로 유행한 것처럼 보이지만 사실 스페인 독감은 스페인이 아닌 미국에서 발생했다고 보는 게 지금 학자들의 정설이다. 1차 세계대전

1918년에 발생한 스페인 독감은 발생한 지 몇 개월 만에 2,000만 명 가량의 사망자를 발생시키면서 흑사병과 함께 가장 많은 인명을 앗아간 전염병으로 기록되고 있다.

당시 스페인은 중립을 유지했기 때문에 전쟁의 영향을 받지 않는 유럽 국가였다. 그래서 스페인에서는 무섭게 퍼지는 독감의 정체에 대해 여러 가지 언론 보도도 있었고 연구도 할 수 있었다. 이런 사연으로 스페인 독감이라고 불리게 된 것이다. 그러고 보면 스페인 입장에서는 참 억울할 만하다. 당연히 스페인 국민들은 스페인 독감이라는 명칭을 좋아하지 않는다.

아무튼 1918년에서 1919년 사이에 스페인 독감으로 인해 죽은 사람이 5,000만 명에서 1억 명 정도로 추측되고 있다. 영국을 비롯한 유럽 전역은 물론이거니와 미국이나 아시아까지도 심각한 결과를 초래했는데, 인도에서만 무려 1,000만 명이 스페인 독감으로 죽었다. 1919년이라면 인도에서는 간디에 의해 독립운동이 시작될 무렵이었는데 스페인 독감이라는 복병을 만나 그야말로 절망스러운 순간을 맞이했다.

　　스페인 독감은 우리나라에서도 기승을 부렸다. 1918년 봄부터 시작되어 1919년 봄까지 14만 명이라는 사망자를 발생시킨 스페인 독감이 우리나라 3·1운동의 도화선이 되었다고 보는 시각도 있다. 물론 3·1운동의 원인은 여러 가지가 있지만 스페인 독감의 영향도 어느 정도 있다고 보고 있다.

　　스페인 독감은 대공황과도 연결된다. 스페인 독감으로 엄청난 수의 노동력이 상실되면서 경제가 말도 못하게 피폐해졌기 때문이다. 또한 대공황은 2차 세계대전으로 이어졌다. 대공황으로 인해 경제가 더욱 어려워지자 결국은 강대국이 자신들의 식민지를 비롯하여 기득권을 보호하기 위해 2차 세계대전을 일으킨 것이다. 미국과 소련의 대립으로 상징되는 냉전기가 2차 세계대전의 후유증으로 생겨났다는 점에서 스페인 독감은 냉전기에도 영향을 미쳤다고 볼 수 있다. 이런 이유로 스페인 독감을 20세기의 가장 불행한 씨앗이라고 꼽고 있다.

그런데 스페인 독감이 2020년 전 세계를 강타한 코로나19와 좀 다른 점은 코로나19가 나이 든 사람에게 특히 치명적이었던 데 반해 스페인 독감은 젊은 사람에게 치명적이었다는 점이다. 젊은 사람들이 많이 죽어 훨씬 더 심각했고, 그래서 여러 가지 변화가 생겨났다. 여러 나라에서 정치, 경제, 사회, 법 측면에서 정책적인 변화가 다양하게 일어났다. 특히 사회보장이나 사회복지와 같은 것을 강조하기 시작했는데, 이것은 1차 세계대전과 스페인 독감을 겪으면서 젊은 사람들이 많이 죽었기 때문에 그런 것을 극복하기 위한 노력이었다고 볼 수가 있다.

스페인 독감은 의학이 발전하는 계기가 되기도 했다. 의학의 발전에 있어 가장 중요한 것은 전염병 예방이다. 희귀 질병을 연구하거나, 여러 질병을 치료할 수 있는 신약과 의료 기술을 개발하는 것도 중요하다. 하지만 인간의 행복에 가장 큰 비중을 차지하는 건강 증진과 평균수명 연장을 위해서는 전염병을 예방하는 것이 가장 중요한 일이 된다. 그런데 독감을 예방하기 위한 예방접종 문화가 바로 스페인 독감 이후에 시작되었다.

제국주의의 절정, 그리고 세계대전

아무튼 20세기의 시작은 좀 요란스러웠다. 또한 그 과정도 내내 요란스러울 수밖에 없었다. 1차 세계대전과 2차 세계대전, 게다가 대공황까지 고스란히 담아내야 했던 시기였다. 1차 세계대전은

1914년 사라예보에서 터진 오스트리아 황태자 암살 사건으로 시작되어 1918년에 끝났다. 1차 세계대전이 끝난 뒤 1929년에는 대공황이 발생하여 1939년까지 이어졌다. 10년 동안 지속된 대공황이 끝난 1939년에는 2차 세계대전이 발발하여 1945년까지 계속되었다.

1차 세계대전과 2차 세계대전은 한마디로 제국들의 힘겨루기였다. 1776년 즈음해서는 아프리카에서 유럽이 지배한 땅이 전체의 10퍼센트밖에 되지 않았다. 그런데 20세기 초에 이르러서는 아프리카의 90퍼센트 이상을 제국들이 지배하게 된다. 아시아도 마찬가지다. 태국 정도를 빼고는 아시아 대부분의 나라가 제국주의 지배 하에 들어갔다. 영국을 가리켜 해가 지지 않는 나라라고 하는 것은 해가 어디에 있든 영국이 지배하는 땅을 비추고 있다는 의미다. 프랑스도 영국 못지않았다. 그야말로 영국과 프랑스가 앞장을 서고, 후발 제국주의 국가인 독일과 일본이 식민지 쟁탈 투쟁을 하다가 벌어진 전쟁이 1차 세계대전이고 2차 세계대전이라고 해도 과언이 아니다.

제국주의의 본질은 자본이었다. 자본이 세계를 지배한 시기라고 보면 된다. 유럽의 초기 식민지 쟁탈전은 희귀한 자원과 노예를 확보하는 것이 주된 목표였다. 남아메리카의 은, 아프리카의 금과 상아와 노예, 인도의 후추 등이 유럽 국가들의 대표적인 목표물이었다. 이어 산업혁명이 발생하자 대량생산을 위해 보다 많은 자원

1차 세계대전과 2차 세계대전은 제국주의의 팽창이 빚어낸 결과였다. 그 이전에는 유례를 찾아볼 수 없을 정도의 잔인한 살육과 학살이 자행되었으며, 특히 2차 세계대전은 인류 역사상 가장 참혹했던 전쟁으로 손꼽히고 있다.

과 노동력이 필요해졌다. 동시에 생산된 제품을 판매할 판매처가 필요해졌다. 식민지는 그러한 것들을 모두 충족시켜주는 중요한 수단이었다.

　이후 자본주의가 발전하면서 식민지는 에너지와 자원의 확보 및 자본 투자처로서 더욱 유용해졌다. 이런 이유로 소수의 정복 국가와 대다수의 피정복 국가, 다시 말해 대다수의 식민지 국가 사이에 불평등이 만연해졌다. 또 정복 국가든 피정복 국가든, 그 내부에서는 계급 간의 갈등과 차별을 비롯해 여러 가지 모순이 발생하고 말았다.

　제국주의가 절정을 치닫는 과정에서 뜻밖의 법이 만들어지기도 했다. 1차 세계대전과 2차 세계대전 중 많은 사람들이 죽으면서 노동력이 고갈되는 문제점이 발생했다. 그래서 소년들을 보호하는 법이 만들어졌다. 노동력이 고갈된 상황에서 장래의 노동력이자 전력인 소년들을 보호할 필요성을 느낀 것이다. 소년들의 노동 시간을 제한한다든가 유해 위험 업소에 취업하는 것을 제한하는 등의 조치를 강구한 소년노동법 역시 소년들의 인권 보호가 아닌 전쟁에서의 승리가 목적이었다.

　소년을 낳아야 하는 어머니도 보호해야 했다. 그래서 모성보호법이 마련된다. 최초로 소년 노동을 보호하고 여성 노동을 보호하려는 움직임이 휴머니즘 입장에서 고려되었을 것이라고 추측하고 있었다면 완전히 오판이다. 허약한 소년과 여성의 노동력을 보호해야 전쟁도 치르고 경제도 발전시킬 수 있다고 하는 계산에서 비롯된 것이었다.

　19세기 후반에 초등학교 의무교육이 생기기 시작했는데, 이 또한 같은 의도였다. 공장에서 일을 시키고 전쟁에서 무기를 다루게 하기 위해서는 최소한 기본적인 상식은 있어야 했기에 제국주의를 강화하는 목적으로 의무교육을 실시하게 되었다. 우리나라에서는 최근에야 시행된 학교 무료급식 제도를 유럽에서는 19세기 후반부터 시행했다. 이 또한 아이들을 건강하게 성장시켜서 우수한 노동력과 전력을 충당하기 위함이었다.

한마디로 이 모든 것들은 미래의 노동력과 전력을 안전하게 지키기 위한 조치들이었다. 20세기로 넘어와서는 금주법도 만들어지고 건강한 가족의 유지를 위한 도덕성 같은 것도 주장되었는데 다 같은 목적에서였다. 성 해방 풍토에 대해서 규제를 가하는 사회정책을 실시하고 청소년들을 위한 복지정책을 확대한 이유도 마찬가지다.

혼돈과 위기의 제국시대에 등장한 5인의 리더들

이렇게 20세기는 1차 세계대전과 2차 세계대전을 치르면서 모든 것이 전쟁, 식민지, 정복, 자본 같은 것들에 초점이 맞춰져 돌아갈 수밖에 없었다. 이런 혼돈과 위기의 시대에 주연으로 등장한 5인의 리더가 있었다. 인도의 마하트마 간디Mahatma Gandhi, 영국의 윈스턴 처칠Winston Churchill, 러시아의 이오시프 스탈린Joseph Stalin, 미국의 프랭클린 루스벨트Franklin Delano Roosevelt, 독일의 아돌프 히틀러Adolf Hitler가 바로 그 주인공들이다.

간디는 1869년에 태어났는데, 간디가 태어나고 5년 뒤인 1874년에 처칠이 태어났다. 그로부터 5년 뒤인 1879년에는 스탈린이 태어났고, 또 3년 뒤인 1882년에는 루스벨트가 태어났다. 그리고 히틀러가 루스벨트보다 7년 뒤인 1889년에 태어났다. 20년 사이에 세상을 뒤흔든 5인의 리더가 탄생한 것이다.

인도의 간디는 가장 폭력적인 시대의 가장 비폭력적인 지도자였다는 평가를 받는다. '사티아그라하'라고 명명되는 비폭력 저항 운동을 전개했기 때문이다. 사티아그라하는 힌디어로 '진리에 대한 헌신' 또는 '진리의 힘'을 뜻하는데, 단호하지만 비폭력적으로 저항하는 간디의 지도 이념이 고스란히 담겨 있는 말이다. 1930년에 벌인 소금투쟁은 사티아그라하의 결정체였으며, 이 사건을 통해 간디는 세계적인 리더로 부상하게 되었다.

영국의 처칠은 한마디로 대영제국의 수호자였다. 그는 1차 세계대전 때는 장관으로, 또 2차 세계대전 때는 수상으로 전쟁에 참여하여 영국의 승리를 이끌었다. 너무나 잘 알려진 2차 세계대전 당시의 덩케르크 탈출 작전은 처칠의 신념과 결단이 만들어낸 성과였다. 물론 영국의 입장에서는 영웅이었으나, 영국의 식민지 입장에서는 철저한 제국주의자 처칠과 상대하는 것이 고난의 연속이었다. 처칠은 2차 세계대전을 경험한 회고록을 쓰기도 했는데, 이 작품으로 1953년 노벨 문학상을 수상하기도 했다.

스탈린은 레닌의 글을 접하고 감명을 받아 레닌이 이끌던 볼셰비키당에 입당한 뒤 1922년 권력의 핵심인 서기장에 선출됐다. 2차 세계대전이 발발하기 직전 히틀러와 독소불가침조약을 맺고, 히틀러의 독일이 서방 각국과 전쟁을 치르는 동안 스탈린의 소련은 폴란드 동부, 발트 3국 등을 점령했다. 그러다가 1941년 6월에 독일이 소련을 침공하는 일이 발생하면서 결국 독일과 결별하고 연합군과 손을 잡은 뒤 2차 세계대전의 승전국이 되었다. 계속된 승전과 경제발전, 잔인한 정적 숙청 등은 스탈린의 지위를 확고하게 만들었다.

미국 32대 대통령 루스벨트는 미국 최초이자 유일한 4선 대통령이었다. 그는 1933년부터 1945년까지 미국 대통령으로 재임했다. 루스벨트는 2차 세계대전에서 연합국을 이끌면서 승리를 거둔 지도자로서 명예가 드높지만, 대공황 시대에 뉴딜정책을 통해 절망에 휩싸였던 미국 시민들에게 다시 희망을 선물한 지도자이기도 했다.

5인의 리더 중 막내 격인 히틀러는 세계를 정복하고자 했던 야심으로만 따지면 단연 첫손가락이었다. 별 볼일 없는 집안에서 태어나 이렇다 할 경력 없이 살아가던 평범한 히틀러에게 출세의 장이 되었던 것은 독일을 절대적인 위기에 빠뜨린 대공황이었다. 대공황이 발생하여 민주 세력이나 좌파 세력들이 전혀 힘을 못 쓰는 가운데 히틀러가 파시즘이라고 하는 강력한 지도자 상을 독일 국민들에게 선보임으로써 나치가 집권할 수 있었다. 이후 나치는 일당독재 체제를 갖추었고, 히틀러는 독일의 총통이자 총리가 되어 무소불위의 막강한 권력을 휘두르며 세계 정복을 위한 야심을 펼쳐나갔다.

제국주의 시대, 5인의 주연 못지않은 5인의 조연은?

앞에서 주연급으로 꼽은 5인의 리더 못지않게 20세기 제국주의 시대에 등장하여 세상을 뒤흔든 또 다른 리더들도 있다. 그중에서도 소련의 블라디미르 레닌Vladimir Lenin, 이탈리아의 베니토 무솔리니Benito Mussolini, 스페인의 프란시스코 프랑코Francisco Franco, 프랑스의 샤를 드골Charles de Gaulle, 중국의 마오쩌둥Mao Zedong, 毛澤東 정도를 제국주의 시대의 조연으로 꼽을 수 있겠다.

레닌은 학생 시절부터 차르(제정러시아 때 황제의 칭호) 치하의 러시아에서 반정부 운동을 하다가 스위스로 망명한 뒤 다시 러시아로 돌아와 러시아혁명을 성공시키고 1924년 죽을 때까지 러시아의 최고 권력자로 군림한 인물이다. 카를 마르크스와 프리드리히 엥겔스가 이론으로 확립한 공산주의에 충실한 국가 건설을 위해 노력했으며 국영화, 국유화 및 사상적 단결을 통해 국론 통일을 지향했다. 스탈린과 마오쩌둥은 물론 북한의 김일성도 그의 공산주의 국가 모델의 영향을 받았다. 쿠바의 혁명가였던 피델 카스트로Fidel Castro에게도 지대한 영향을 끼쳤다.

무솔리니는 이탈리아의 파시즘을 주도한 정치인으로 유럽 최초의 파시스트 지도자였다. 1921년 국가 파시스트당을 창당하고 1922년 로마로 진군하여 정권을 잡은 뒤 1945년 죽을 때까지 이탈리아의 총리를 지냈다. 국가주의, 협동조합주의, 생디칼리즘, 팽창주의, 사회진화론, 반공주의와 같은 다양한 정치 이념들을 조합하여

1937년 4월 29일 스페인내란 당시 스페인의 소도시 게르니카는 나치 독일의 폭격을 받아 폐허가 되었다. 도시 인구의 3분의 1에 달하는 1,654명의 사망자가 발생한 대참사였다.

파시즘을 만든 그는 공산주의자들의 체제 전복 시도를 막기 위한 반공 정책을 실시하기도 했다. 독일 및 일본과 함께 추축국으로 2차 세계대전을 일으켰으나, 추축국 중에서는 가장 빠른 1943년 연합국에 항복한 뒤 1945년에 총살됐다.

프랑코는 스페인의 군인으로서 1936년 총선에서 인민 전선파가 승리하자 쿠데타를 감행하여 스페인내란을 일으켰다. 히틀러와 무솔리니의 도움으로 1939년에 승리한 뒤 1975년 죽을 때까지 38년간 스페인의 독재자로 군림하면서 민주주의를 철저하게 분쇄

했다. 1973년에 수상 직을 루이스 카레로 블랑코에게 넘겨주고 그는 국가원수 직만 맡았지만, 여전히 프랑코는 스페인의 실질적인 파시스트 지도자였다. 스페인 출신의 화가 피카소는 자신의 대표작인 〈게르니카〉를 통해 독재자 프랑코가 벌인 학살을 비판했으며 "프랑코가 살아 있는 한, 스페인 땅을 밟지 않겠다."고 선언하기까지 했다.

드골은 프랑스의 제국주의를 이끌었던 군인이자 레지스탕스 운동가였다. 2차 세계대전에서 프랑스의 기갑부대를 지휘했으며, 국방부 육군차관을 지낸 뒤 영국으로 망명했다. 이후 프랑스 자유 민족회의와 프랑스 임시정부를 결성하고 정치 지도자로 변신해 대독 항전을 했다. 2차 세계대전이 종전된 뒤에는 총리를 두 번 지내고 1959년부터 1969년까지 프랑스의 대통령이 되었다. 집권 후 나치 부역자들에 대한 대대적인 숙청으로 유명한 인물이기도 하다.

마오쩌둥은 1931년 이후 중국 공산당의 최고 지도자로, 장제스를 격파하고 중국 대륙에 공산주의 국가를 건설한 혁명가이자 전략가였다. 1949년부터 1959년까지 중국의 국가 주석을 지냈고, 그 뒤에도 공산당 주석으로 1976년에 죽을 때까지 실권을 행사했다. 그러나 근대적인 사회주의 건설을 목적으로 실시한 농공업 대 증산 정책인 '대약진운동'이 실패로 돌아가고, 중국의 혁명 정신을 재건한다는 명분으로 실시한 '문화대혁명'으로 인해 약 2,500만

명의 인명 피해를 초래하면서 중국의 문화, 사회, 경제, 외교 관계
에 막대한 물적, 인적 피해를 끼쳤다.

제2장

20세기, 위기의 시대에 등장한 5인의 리더

리더는 어떻게 만들어지는가. 우리나라에서는 좋은 학교에 가서 좋은 교육을 받아야 훌륭한 리더가 될 수 있다는 판단을 내릴 것이다. 그런데 많은 리더들은, 또한 우리가 이 책에서 다루고 있는 5인의 리더들은 학교교육 측면에서 본다면 실패자들이었다. 오히려 학교교육을 그만두고 난 뒤에 20대 정도부터 자발적으로, 자기 성찰적으로 했던 행동들이 그들을 리더의 면모를 갖춘 인물로 성장시켰다. 그중에서도 독서가 리더 형성에 결정적인 요인이 되었다고 나는 생각한다.

이번 챕터에서는 5인의 리더가 어디에서 태어나서 무슨 교육을 받았고 어떤 독서를 했는가를 통해 리더를 더욱 견고하게 만들었던 힘은 무엇이었는지에 대해 접근하고자 한다.

5인의 리더를 금수저, 은수저, 흙수저로 나눈다면?

요즘은 타고난 집안의 재력 정도에 따라 금수저, 은수저, 흙수저라는 말로 높낮음을 나눈다. 요란한 수저 타령이 반가울 리 없지만 5인의 리더가 태어났을 당시 집안의 사정을 설명하기에 가장 흥미로우면서도 명확한 기준이 될 것 같아서 이 단어들로 이야기를 시작하고자 한다.

5인의 리더를 두고 보면 처칠이 최고의 금수저였다. 처칠은 영국에서 둘째가라고 하면 서러울 정도의 명문 귀족 출신이었다. 루스벨트도 만만치 않았다. 역시 미국에서 둘째가라면 서러운 부잣집 아들이었다. 간디는 19세기 후반의 인도 사회를 기준으로 볼 때 은수저 정도는 되겠다. 인도에는 4개의 카스트, 즉 브라만, 크샤트리아, 바이샤, 수드라가 있는데 간디 집안은 3등급인 바이샤였다. 바이샤라고 하는 것은 상인 계급이거나 농민 계급 쪽이다. 우리 같으면 옛날에 양반 밑의 상민이나 농민, 그러니까 사농공상에 해당된다. 간디 집안은 그다지 잘살지는 못했지만 일반적인 바이샤보다는 조금 나았다.

한편 히틀러는 동수저쯤 되는 가정에서 성장했다. 히틀러의 아버지는 초등학교밖에 못 나왔다. 그래서 처음에는 수위로 출발했으나 굉장히 부지런했던 덕분에 세관 관리로 출세하기에 이르렀다. 그래도 관리의 아들이었기 때문에 히틀러는 흙수저까지는 아니었고 동수저쯤이 알맞을 것 같다. 그야말로 흙수저 출신은 스탈린이다. 일단 태어난 곳 자체가 한때 러시아의 지배 하에 있었던 조지아라는 시골 마을이었다. 스탈린은 그 시골에서 구두 세화공, 그리고 신기료 장사를 하던 아버지와 재봉사였던 어머니의 셋째이자 막내아들로 태어났다. 게다가 아버지는 알코올중독자에 술주정꾼이어서 스탈린은 어려서부터 무자비한 구타와 폭언을 겪으며 자랐다.

이상 5인의 리더가 어떤 집안에서 출생했는지에 대해 '수저 논리'를 들어 간단하게 살펴보았다. 지금부터는 본격적으로 리더가 어떤 유년 시절을 거쳐 어떤 청년으로 성장했는지 간디부터 자세히 다루겠다.

간디, 공부 못했던 아이가 인도의 독립운동 지도자가 되기까지
영국이 인도를 다스릴 때 영토의 3분의 2는 영국이 직접 지배하고, 나머지 3분의 1은 500여 개의 작은 군소 왕국으로 분리시켜서

마하트마 간디
(1869년 10월 2일~1948년 1월 30일)

전통적인 영주들이 왕의 이름으로 지배하도록 했다. 그것을 '토후국'이라고 하고 토후국을 다스리는 왕을 인도말로 '라자'라고 불렀다. 토후국은 약 500개 내지 600개 정도 되었다. 그중에 200개 정도가 간디 고향인 구자라트 지방에 있었다. 간디는 제일 작은 토후국 중 하나인 포르반다르라고 하는 곳에서 태어났다. 지금 우리나라 기준에서 얘기한다면 군 단위 정도의 마을이라고 생각하면 될 듯하다.

포르반다르는 인도 북서쪽 파키스탄 국경 지역에 가까운 조그만 어촌 마을이다. 2019년 가을에 그곳에 갔을 때 와이파이가 되는 상점이 하나도 없다는 사실에 대단히 놀랐던 기억이 난다. 요즘 같은 첨단 시대에, 더군다나 IT 강국으로 손꼽히는 인도에서 와이파이가 잡히지 않는 지역이 있다는 것이 놀라웠다. 그만큼 가난한 마을이라는 뜻이다. 지금도 가난한 마을인데 1869년 간디가 태어난 무렵에는 훨씬 더 가난한 마을이었다. 하지만 해안가에 위치한 만큼 당시에는 어업과 무역이 발달했다고 한다. 그곳 출신의 무역

상인들이 아라비아에까지 진출했다. 그래서 동서 문화의 교류 지역으로 의미를 부여하는 곳이다.

간디의 할아버지와 아버지는 토후국에서 '디완'이라는 직책을 역임했다. 우리나라로 치면 면장 밑에서 행정을 처리하는 사무장 정도의 직책을 디완이라고 할 수 있겠다. 디완이라고 하는 관직 명칭을 우리나라의 《간디 자서전》 등에서 총리나 수상으로 번역하곤 한다. 《간디 자서전》의 영역본에도 'Prime Minister'라고 되어 있다. 하지만 실제로는 면장도 아니고, 면장 밑에 있는 사무장 정도라고 해야 맞다. 앞에서 간디네 집안이 그나시 살살시는 못했시만 일반적인 바이샤보다는 조금 나았다고 판단한 것은 일반적인 농공상이 아니라 관리였기 때문이다. 포르반다르에 남아 있는 간디의 집은 대단히 낮긴 하지만 그래도 3층 집이다.

간디는 포르반다르에서 살다가 7세쯤 되었을 때 라지코트라고 하는 또 다른 토국후으로 이사를 갔다. 아버지가 그곳의 디완으로 갔기 때문이다. 라지코트에서 초등학교와 중고등학교를 다녔는데 계속 열등아였다. 《간디 자서전》을 보면, 자신은 너무너무 공부를 못했고 학교 성적도 안 좋았고 구구단도 못 외웠다고 한다. 인도의 구구단은 우리나라 구구단보다 훨씬 중요한 의미가 있다. 인도는 수학의 나라이기 때문에 초등학교 2, 3학년 아이들이 20단을 외운다. 지금 IT 강국이 될 수 있었던 것도 수학 실력이 한몫했다.

아무튼 간디는 라지코트에서 초등학교와 중고등학교를 마친 뒤 1887년 시골에 있는 대학에 갔다. 그 사이 13세 때는 결혼도 했다. 스스로 한 건 아니고, 부모의 강요에 의한 것이었다. 간디 아내의 집, 즉 처갓집은 바로 뒷집이어서 간디네 집과의 거리가 10미터밖에 안 되었다. 뒤에 간디는 인도의 전통인 조혼에 대해 비판하기도 했다.

대학을 가긴 갔지만 1학년 1학기 때 도저히 대학 공부를 따라갈 수가 없어서 견디지 못하고 집으로 도망쳐버렸다. 그래서 간디는 다음 해인 1888년에 영국으로 유학을 갔다. 우리나라에서 국내 대학에 입학을 못해 외국 대학을 가는 경우와 비슷한 상황이라고 보면 된다. 국내 대학에서는 도저히 공부를 못 따라가겠는데 집에 돈은 좀 있으니까 영국으로 도피성 유학을 갔다고 해도 과언이 아니다.

게다가 간디는 영국의 대학을 간 게 아니고 이너템플이라고 하는 법학원에 갔다. 우리나라에는 그것과 비교할 만한 학교가 없다. 이너템플이라고 하는 것은 4개의 법학교육원 중에 하나다. 특별하게 뭘 가르치는 게 아니라 3년 동안 일주일에 한 번 저녁을 열심히 먹어주면서 졸업을 하는 그런 학교다. 그러면 변호사 자격을 준다.

사실 19세기에 변호사 자격을 취득하는 것은 지금처럼 어렵지 않았다. 이너템플은 디너템플이라고 불리기도 했는데, 저녁 식사를 하면서 고참 변호사들하고 대화를 통해 변호 기술을 익히는 과정을 3년 동안 보내고 나면 간단한 시험을 쳐서 변호사 자격을 줬다. 링컨이 켄터키 통나무집에서 통신 교육을 받아 6개월 만에 변호사 시험에 합격한 것만큼이나 어처구니없이 느껴지겠지만, 어쨌든 그 당시에 이너템플이라고 하는 것은 거의 지금의 미국 하버드대학교에 버금갈 정도의 명문이었다. 영국에서도 변호사라는 직업이 굉장히 높은 가치를 지니고 있는데, 19세기 영국에서는 귀족 계층을 중심으로 한 변호사 교육, 법조인 교육이 이런 식으로 실시되고 있었다.

그런 학교에 다닌다는 사실이 간디 본인에게는 자랑스럽지 않았던지 《간디 자서전》을 보면 영국에서 3년 동안 유학 생활을 한 것에 대해서는 많은 이야기를 하지 않는다. 채식식당 찾아다닌 이야기, 영국 여자들하고 이런저런 이야기를 나눴던 정도만 언급하고 넘어간다. 게다가 변호사였던 간디는 변호사라는 직업에 굉장히 불만이 많았다. 그는 법적인 문제를 가장 훌륭하게 해결하는 방법은 타협과 조정이라고 했다. 어느 한쪽을 이기게 하기 위해서 갖은 수를 다 쓰는 변호사를 간디는 경멸하기까지 했다.

영국에서 변호사 자격을 따고 인도에 왔는데 인도에서의 생활이 영 변변치가 않았다. 간디는 굉장히 부끄러움이 많은 사람이었기 때문에 말도 잘 못하고 소극적이었던 탓에 인도에서 도저히 일자리를 얻지 못하고 남아프리카로 건너갔다. 그리고 남아프리카 사람들을 위해 법률적인 조언 활동을 하면서 21년 동안 남아프리카에서 보내게 된다.

21년을 남아프리카에서 지내다가 1914년 45세가 되었을 때 다시 인도로 돌아왔다. 그러나 인도에 와서도 제대로 독립운동을 하지 못했다. 1919년 우리나라에서 3·1 독립운동이 벌어지고 있을 때 인도에서는 영국 제국주의 총독부에 의해 인도 사람들의 자유를 억압하는 '롤레트법'이 만들어졌다. 간디는 이 법에 저항하는 독립운동을 펼치면서 본격적으로 유명세를 떨치기 시작했다. 그때 간디의 나이가 50세였다. 당시 인도의 평균수명이 50세가 안 됐을 때인데, 간디는 50세가 넘어서 본격적으로 독립운동을 시작한 것이다.

간디를 세계적인 리더로 만든 결정적인 사건은 1930년에 벌인 소금투쟁이었다. 영국은 19세기 후반부터 인도 사람들이 소금을 자유롭게 생산하지 못하게 했다. 사실 19세기에 영국이 제국주의를 전개해나가면서 무엇보다도 먼저 시행한 정책이 소금, 담배 같은 것을 국가 전매사업으로 삼는 일이었다. 그래서 담배도 개인이 자유롭게 재배하지 못하고 소금도 개인적으로 생산하지 못하게 국가가 통제했다. 간디는 그것에 저항하며 24일 동안 소금투쟁을 함으로써 세계적인 지도자가 되었다. 그때 나이가 61세였다.

흥미로운 점은 간디가 다른 지도자와는 달리 평생 가계부를 쓰는 지도자였다는 사실이다. 간디의 카스트인 바이샤는 농민이거나 상인인데 농민보다도 상인 쪽에 가까웠다. 조상 때부터 상인 계급이었기 때문에 간디는 돈 관리에 있어 매우 철두철미했다. 독립운동도 돈이 없으면 못한다는 생각에 독립운동을 할 때도 가계부를 쓰며 모든 회계를 자신이 직접 관리했다. 그래서인지 간디는 자신이 상인 계급 출신인 것이 자랑스럽다고 항상 얘기를 했다. 우리나라에서 돈 관리 때문에 문제가 생기는 시민운동 단체, 사회운동 단체가 간디의 모습을 보고 배우며 느끼는 바가 있었으면 하는 바람이 간절하다.

아무튼 간디는 평생 아무런 직위가 없었다. 11번 투옥이 되고 거의 6년이나 되는 2,089일 동안 감옥살이를 했던 것 외에는 공적인 활동이라고 할 만한 게 거의 없었다. 그러다가 결국 1948년 79세 때 암살을 당했다. 그로부터 한참 뒤인 2007년, UN에서는 간디 생일인 10월 2일을 국제 비폭력의 날로 지정했다. 그만큼 간디는 세계적으로 비폭력 저항의 상징으로 남아 있다. 또한 인도 독립 이후에 마틴 루터 킹을 중심으로 한 미국의 민권운동, 또는 만델라를 중심으로 한 남아프리카 반식민 투쟁의 상징이자 선구자 역할을 했다.

처칠, 금수저 집안에서 태어나 영국의 전쟁 영웅이 되기까지

처칠은 태어난 곳이 블레넘 궁전Blenheim Palace이었다. 궁전에서 태어난 것이다. 이 궁전의 정문에서 건물 입구까지의 거리가 1킬로미터이고 전체 넓이가 330만 평이다. 89만 평이라는 여의도의 4배나

윈스턴 처칠
(1874년 11월 30일~1965년 1월 24일)

되는 규모다. 땅이 좁아서 제국주의를 해야 한다는 명분을 내세웠던 영국에서 330만 평의 궁전에서 태어난 것이다.

영국의 옥스퍼드셔 주에 있는 블레넘 궁전은 원래 처칠의 선조인 존 처칠이 나폴레옹 전쟁에서 승리하면서 왕으로부터 받은 하사지였다. 보통은 일반인들이 사는 집에는 'Palace'라는 말을 붙이지 않지만 왕이 하사한 땅에 궁전까지 지어주면서 'Palace'라는 말을 붙였다. 처칠이 태어난 어마어마한 규모의 집을 보고 나는 대단하다고 감탄한 게 아니라 끔찍하다는 생각이 들었다. 이런 제국의 궁궐 같은 곳에서 태어났으니까 그런 제국주의자가 되었을 것이라는 생각을 했을 정도다.

한편 처칠은 팔삭둥이였다. 어떤 책에서는 처칠은 모든 게 조숙했다느니 공부 빼놓고는 모든 게 빨랐다느니 하는 평가를 내리기도 한다. 그런데 어떤 학자들은 8개월 만에 태어난 게 아니라 부모가 속도위반을 해서 결혼한 뒤 8개월 만에 태어난 것에 불과하다고 분석하기도 한다.

처칠도 간디처럼 학창 시절에는 열등아였다. 유럽에서는 어려서부터 라틴어를 가르치는데, 라틴어 문법을 못 외워 고생한 이야기를 자서전에 썼을 정도로 열등아였다. 학창 시절 공부에 있어 열등아였다는 점은 처칠이나 간디나 같았다. 하지만 처칠은 간디가 다닌 이너템플에 갈 정도도 안 됐던 것으로 보아 간디보다 공부를 더 못했던 것 같다.

공부를 못했던 처칠은 아버지의 배경 덕을 보면서 해로우라고 하는 사립학교에 4년 동안 다니고 샌드허스트 육군사관학교에 갔다. 우리나라는 사관학교 출신들이 국가 요직을 차지하는 경우가 많았고 박정희, 전두환, 노태우 같은 대통령을 배출해내기도 했지만 당시 영국은 공부 못하는 학생이 사관학교에 갔다. 처칠은 제일 낮은 수준의 학교인 사관학교에 삼수를 해서 입학할 정도였다.

우리나라는 사관학교에서 대학 수준의 교육을 하기 때문에 교육과정이 4년인데 영국은 1년이었다. 1년 동안 군사교육을 중점적으로 가르치는데, 만약 우수한 성적을 거둔다면 보병이 되었다. 19세기까지만 하더라도 육군의 핵심은 보병이었다. 그래서 보병 장교가 되는 게 사관학교 출신들의 꿈인데, 처칠은 보병이 되지 못하고 말 타는 기병 장교가 되었다. 기병 장교가 멋있어 보이지만 공부는 못했던 사람들이라고 생각하면 된다.

사관학교를 졸업한 처칠은 군인으로서 출세한다. 군대를 굉장히 좋아했고, 또한 전쟁광이라고 할 정도로 전쟁을 좋아했다. 그래서 "군대는 명성으로 가는 고속도로다.", "전쟁은 웃으면서 즐기는 놀이다."라는 말을 할 정도였다.

사실 처칠은 2차 세계대전을 일으킨 히틀러 때문에 위대해졌다고 봐야 한다. 처칠의 시대만 하더라도 영국에서는 변호사나 의사 같은 엘리트가 못 되는 사람들이 군인이 됐다. 군인의 위상이 그 정도였다. 하지만 2차 세계대전 당시 히틀러에 맞서 연합군을 이끌며 처칠의 전성기가 도래했으니 히틀러한테 고마워해야 한다는 이야기까지 있을 정도다.

사관학교를 졸업한 처칠은 정치가로서도 두각을 나타내기 시작한다. 그는 26세에 국회의원이 되었는데, 그 정도면 영국에서도 대단히 빠르게 출세를 한 셈이다. 그리고 1900년부터 죽기 직전인 1964년까지 62년 동안(1차 세계대전이 끝나고 1922년에서 1924년까지 2년 동안은 제외) 국회의원으로 살아갔다. 우리나라 국회의원은 보통 8선, 9선이라고 하면 대단히 원로 대접을 하지만 영국은 내각책임제이기 때문에 국회의원 임기가 따로 없다. 그러니 처칠이 62년이나 국회의원을 한 것을 두고 뭐 그렇게까지 오래 했느냐는 차가운 눈초리는 무색할 듯하다.

또한 처칠은 외무장관을 제외한 모든 장관을 다 역임했다. 사실 처칠은 국제통인데 외무장관을 못 한 것을 자신도 아쉬워했다. 2차 세계대전이 한창이었던 1940년부터 1945년 사이에는 수상이 되었다가 2차 세계대전이 끝나고 난 뒤 선거에 패해 물러났고, 그러다가 1951년부터 1955년까지 다시 한번 수상이 되었다. 그리고 91세에 죽는다.

앞에서 말한 간디는 대영제국에 투쟁한 사람이었고, 처칠은 그런 대영제국을 이끌었던 사람이었다. 그래서 간디와 처칠은 19세기부터 비롯되어 20세기 초에 최극단을 보였던 제국주의 투쟁의 맞수였다고 이야기할 수 있다.

스탈린, 가난한 제화공의 아들이 러시아 최고 권력자가 되기까지
스탈린은 러시아가 아닌 러시아의 식민지였다가 1991년 독립한 그루지야에서 태어났다. 그루지야는 러시아어 이름이었는데, 독립한 이후에는 영어식 이름인 조지아를 정식 국명으로 사용하고 있다. 영어로 코카서스 산맥이라고 하는 캅카스 산맥 남쪽에 위치한 조지아는 면적이 한반도의 3분의 1 정도밖에 안 되는 작은 나라이고 인구는 20분의 1 정도다.

스탈린은 조지아에서도 고리라는 작은 도시에서 태어났다. 고리는 지금도 인구가 5만 명 정도 되는 작은 도시다. 고리에 가려면 이스탄불에서 비행기로 조지아의 수도인 트빌리시까지 두 시간 정도 간 다음, 다시 자동차로 한 시간 정도를 북서쪽으로 더 가야 한다. 고리의 중심에 스탈린박물관이 있는데, 그 별관에 스탈린의 생가를 보존하고 있다. 나무와 흙벽돌로 만든 15평 정도의 두 칸짜리 오두막인데, 그곳 지하에는 아버지의 구둣방이 있었다.

이오시프 스탈린
(1879년 12월 18일~1953년 3월 5일)

생가만 봐도 짐작할 수 있듯이 스탈린의 집은 아주 가난했다. 5인의 리더 중 가장 가난한 집에서 태어났다. 가난한 제화공 아버지와 재봉사 어머니의 셋째 아들로 태어났으나 두 형은 모두 어려서 죽었다. 7세에 천연두에 걸려 소위 곰보가 되고 사고로 인해 왼팔이 짧아진 것도 가난이 한몫했다. 발육 부진으로 키가 160센티미터를 약간 넘는 정도에 머무른 것도 가난이 큰 영향을 끼쳤을 것이다.

집안 사정이 그러하니 공부도 가장 어렵게 했는데, 그래도 성적은 5인의 리더 중에서 가장 우수했다. 스탈린은 어려서부터 기억력이 좋고 영민했으며 독서와 역사에 관심이 많았다. 시를 쓰는 재능도 뛰어났다. 스탈린의 직업은 시인이었다.

폭력적인 아버지를 경멸하고 증오했던 그는 주변의 친구들과도 원만하게 어울리지 못하고 오직 책을 친구 삼아 지냈다. 9세가 되던 1888년, 교회 소학교에 다녔지만 아버지가 그를 강제로 구두 공장에 취직시켜 돈을 벌게 했다. 다행히 어머니가 지역 유지들을 찾아다니며 호소한 덕에 구두 공장에서 나와 성직자 교육을 계속 받을 수 있었다. 그러나 스탈린은 교육 과정과 수업 내용에 반발하고 교사와 제도에 반항했다.

그럼에도 불구하고 15세가 되었을 때 최고 성적으로 종교학교를 졸업했다. 이후 장학금을 받고 티플리스신학교에 입학해 성직 과목 외에 문학과 역사, 라틴어, 수학, 그리스어 등 폭넓은 교육을 받았다. 역시나 성적은 우수했다. 티플리스신학교 1학년 때는 지역신문에 시를 발표했는데, 조지아 문인들과 지역 유지들을 감동시키며 격찬을 받았다. 그가 시에서 다룬 주제는 대지와 자연, 민족정신 같은 것들이었다. 스탈린이 신학생 시절에 쓴 애국심을 강조하는 시는 교과서에도 실릴 정도였다.

가정환경이 어려웠음에도 재학 중 성적이 우수하여 장학금을 받았으나, 2학년 이후로는 조지아를 지배하고 있는 러시아에 반감을 가지고 민족주의적 성향을 강하게 드러내면서 러시아인을 만드는 교육을 강요하는 스승들과 마찰이 잦았다. 재학 중 국제 공산주의 최고 이론가인 카를 마르크스, 프리드리히 엥겔스 등이 쓴 저서와 다른 금서들을 비밀리에 탐독하다가 신학교에서 불량 학생으로 낙인찍히기도 했고 비밀결사를 조직할 때 가담하기도 했다. 결국 신학교를 졸업하기 직전인 1899년 말, 기말고사를 치르지 않아 티플리스신학교에서 퇴학당했다.

신앙심이 깊었던 스탈린의 어머니는 아들이 사제가 되기를 바

랐으나 결국 스탈린은 어머니의 뜻을 저버리고 말았다. 신학교를 떠난 직후 스탈린은 레닌과 관련된 서적들을 폭넓게 읽으며 마르크스주의 혁명가가 되기로 결심했다. 이후 레닌이 이끌던 볼셰비키당에 입당하여 자금 조달을 담당하게 되면서 일곱 번이나 투옥과 추방이 되풀이됐으나 번번이 탈출했다.

10월혁명 후 볼셰비키가 권력을 잡고 러시아내전이 벌어지자, 적군Red Army의 정치장교로 입대한 그는 직업군인의 충성을 감독하고 동향을 감시하는 역할을 했다. 그러면서 정적이었던 레프 트로츠키와 갈등을 빚기도 했다. 이어 소수민족 출신이라는 이유로 민족문제위원회 위원장에 취임했고, 1922년에는 권력의 핵심인 서기장에 선출됐다. 그 뒤 트로츠키를 비롯한 많은 정적들을 숙청하면서 독재 권력을 확립해갔는데, 당시 소련의 권력투쟁은 조지 오웰의《동물농장》에서 비판되기도 했다.

2차 세계대전이 발발하기 직전 스탈린은 나치 독일의 히틀러와 독소불가침조약을 맺었으나 1941년 6월에 히틀러가 독소불가침조약을 일방적으로 깨고 소련을 침공해 러시아는 엄청난 피해를 보았다. 그러나 모스크바공방전, 스탈린그라드전투, 쿠르스크 전투를 계기로 전세를 역전시켜 독일군을 항복시키고 2차 세계대전의 승전국이 됐다.

잔인한 정적 숙청으로 지위를 확고히 하고 경제발전과 계속된 승전 등의 성과를 바탕으로 철저히 우상화되었으나, 죽고 난 뒤에는 뒤이어 소련의 서기장이 된 니키타 흐루쇼프에 의해 비판을 받고 격하됐다. 또한 1991년 소련 붕괴 이후에는 공산주의를 변질시키고 정적 숙청을 자행한 독재자로 평가되기도 했다. 그러나 그 뒤로 러시아의 국가 위상이 떨어지고 국민들의 형편이 어려워짐에 따라 스탈린을 그리워하는 여론이 높아졌다.

루스벨트, 부잣집 도련님이 미국 최초의 4선 대통령이 되기까지
앞에서 금수저 출신을 꼽으면서 단연 1위는 처칠이라고 했다. 루스벨트는 처칠만큼은 아니지만 그래도 대단한 부잣집 출신이었다. 8세 때 아버지와 함께 전 세계 여행을 하고, 14세 때 생일선물로 요트를 받을 정도로 부유한 집안이었다.

뉴욕에서 한 시간 정도 차를 타고 가면 하이드파크라고 하는 데가 나오는데 루스벨트는 이곳에서 태어났다. 하이드파크라고 하니 무슨 공원 이름이라고 생각할 수 있겠지만 공원은 아니고 그냥 하나의 지명이다. 루스벨트의 집도 100만 평 정도 됐다. 서울대학교 면적이 100만 평 조금 넘는다고 하니 얼마나 넓은 대지 위에 지어진 대저택일지 가늠할 수 있을 것이다. 그 100만 평 땅에 지금은 루스벨트박물관과 도서관이 있다. 지금은 이름도 스프링우드라고 불린다. 봄의 숲이라는 이름에 딱 맞는 분위기의 스프링우드를 돌아다니면서 묘한 감정을 느꼈던 적이 있다.

미국의 명문 집안 출신들이 다 그러하듯 루스벨트도 가정교사

프랭클린 루스벨트
(1882년 1월 30일~1945년 4월 12일)

로부터 교육을 받고 그로튼이라고 하는 명문 사립학교에서 중고등학교 8년 과정을 마쳤다. 그러고 나서 하버드대학교를 졸업한 뒤 콜롬비아 로스쿨에서 변호사 자격을 땄다. 그야말로 전형적인 명문 코스다. 그로튼이라고 하는 중고등학교의 경우 순수하게 학비로만 1년에 1억 원 정도가 지출되기 때문에 부잣집 자녀들이나 다닐 수 있는 학교였다. 하버드대학교도 마찬가지였다. 요즘은 장학금 제도가 많이 확충되어 가난하지만 공부를 잘하는 학생들이 입학하기도 하지만, 이것은 예외적인 상황이고 지금도 비싼 학비 때문에 주로 부잣집 자녀들이 다닐 수 있다.

이처럼 루스벨트는 부잣집에서 태어나 명문 코스를 밟으며 성장한 잘나가는 청춘이었다. 그래서 5인의 리더 중에서 가장 버릇없이 큰 아들을 꼽으라면 루스벨트가 될 것 같다. 외아들이었던 루스벨트는 마마보이로 불릴 정도였는데, 대통령이 되고 나서도 엄마한테 가서 용돈을 받아 썼다고 한다.

루스벨트는 1910년에서 1913년 사이, 비교적 젊은 나이에 뉴욕 주의 상원의원을 지냈다. 뉴욕 주니까 대단히 중요한 지역의 상원의원을 한 셈이다. 그리고 1913년부터 1920년 사이에 미 해군 차관보를 지내고 1920년에 민주당 부통령 후보가 됐다. 38세에 부통령 후보가 되었으니 출세가 상당히 빠른 편이었다. 하지만 선거에 패하면서 부통령이 되지는 못했다.

다음 해 승승장구하던 루스벨트에게 뜻밖의 시련이 닥친다. 소아마비 증세가 나타나면서 3, 4년 동안 재활 치료를 해야 했다. 어떻게 39세에 소아마비가 걸릴 수 있는지 의문을 가질 수도 있겠지만 루스벨트는 어려서부터 워낙 허약해서 건강이 좋지 않았다. 결국 소아마비로 인해 루스벨트는 반신불수가 되었다.

하지만 다시 재기하여 46세에 뉴욕 주지사가 되면서 루스벨트의 최고의 공적으로 손꼽히는 뉴딜정책의 준비과정이라고 할 수 있는 일들을 계획한다. 또한 주지사로서 굉장히 진보적인 정책들을 펼쳐나갔는데, 특히 노동자 보호나 사회보장을 혁신적으로 이루면서 대단히 훌륭하고 존경할 만한 주지사라는 평판을 받았다. 그리고 마침내 50세가 된 1932년 미국의 대통령으로 당선됐다. 이후 미국 최초의, 또한 유일한 4선 대통령으로 이름을 올리기도 했다. 하지만 4선 대통령이 된 지 1년 만에 사망하면서 대통령직을 유지한 기간은 총 12년이었다.

그런데 미국에는 루스벨트라고 하는 이름의 대통령이 또 한 사람 있다. 여기서 이야기하고 있는 프랭클린 루스벨트에 앞서 시어도어 루스벨트라고 하는 대통령도 있었다. 시어도어 루스벨트는 공화당 보수파의 상징이었지만, 프랭클린 루스벨트는 민주당 진보파의 상징으로 정치계에서 두각을 나타냈다.

시어도어 루스벨트는 프랭클린 루스벨트와 먼 친척 관계였다. 프랭클린 루스벨트의 아내 엘리너 루스벨트도 유명한 사람인데, 엘리너 루스벨트의 삼촌이 바로 시어도어 루스벨트였다. 한 집안에서 두 명의 대통령이 나온 셈이다.

히틀러, 실업학교 중퇴자가 독일의 국가원수가 되기까지

히틀러는 오스트리아 브라우나우라고 하는 아주 작은 마을에서 태어났다. 다시 말해 오스트리아 사람이지 독일 사람이 아니다. 브라우나우는 아버지가 수위를 하다가 세관 공무원이 되어 전근을 갔던, 독일과 오스트리아의 국경 지역이었는데 굉장히 가난한 동네였다. 국경 지역은 다 그렇듯이 위험하니까 부자들이 살지 않았다. 히틀러의 저서 《나의 투쟁》을 보면, 자신이 독일과 오스트리아의 국경 지역에서 태어난 것은 독일과 오스트리아를 통일하라는 신의 섭리였다는 논리를 내세운다.

히틀러가 죽고 난 뒤 오스트리아 정부에서 히틀러 생가를 없애야겠다는 계획을 세우기도 했다. 70년대, 80년대 이후에 네오나치가 생겨나서 히틀러 생가를 성지처럼 여기며 다녀갔기 때문이다. 그러나 집주인이 반대를 해서 결국은 경찰서로 개조하기로 했다고 한다.

아돌프 히틀러
(1889년 4월 20일~1945년 4월 30일)

히틀러는 어머니를 매우 좋아했다. 어머니의 사진을 죽을 때까지 항상 지갑 속에 넣고 다닐 정도였다. 또한 히틀러는 어려서부터 그림 그리기를 좋아했다. 초등학교 다닐 때 그림 그리는 재주 외에는 아무런 재주가 없어서 화가가 되려고 했다. 하지만 아버지한테 실컷 두들겨 맞고 실업학교로 가게 된다.

독일에서는 초등학교 4학년이나 5학년쯤 되면 대학을 갈 건지 안 갈 건지를 결정한다. 우리나라보다 훨씬 더 빠른 셈이다. 대학을 갈 만한 아이는 김나지움이라는 인문계 중고등학교로 가고, 기술자나 공무원으로 진로를 잡은 아이들은 레알슐레라고 하는 실업학교로 간다. 레알슐레는 우리나라로 치면 공고나 상고와 같다고 보면 된다. 히틀러는 인문계 중고등학교에 갈 실력이 안 됐다기보다도 아버지가 아들이 그림 그리는 걸 별로 안 좋아해서 실업학교로 보내졌다.

히틀러가 다닌 실업학교는 린츠라고 하는 도시에 위치하고 있었다. 오스트리아의 수도가 빈인데, 린츠는 빈보다 조금 작은 도시였다. 그곳에서 공부도 안 하고 바그너 오페라만 듣고 다니다가 아버지가 돌아가시자마자 학교를 그만뒀다. 그때 나이가 15세였다. 특별한 목표가 있어서가 아니라 그냥 자퇴를 하고 놀았다. 그러니까 중고등학교도 제대로 졸업하지 못하고 직장도 없이, 요즘 우리나라 표현으로 따지면 루저처럼 지낸 것이다.

　히틀러가 처음으로 직장을 갖게 된 것은 1914년 1차 세계대전이 발발하면서다. 1차 세계대전 때 히틀러는 조국인 오스트리아 군대는 기피하고 독일 군대로 간다. 독일 바이에른 주의 뮌헨으로 가서 군대에 들어가는데, 4년 동안 서부전선에서 연락병으로 부지런히 뛰어다니다가 상병으로 제대한다. 보통은 지휘 능력이 조금이라도 있으면 하사관 승진을 하는데 히틀러는 승진을 못하고 상병으로 제대했다.

　게다가 전쟁이 끝난 뒤 다들 원래 자기 직장으로 돌아가는데 히틀러는 갈 데가 없었다. 그래서 군대에 패잔병으로 남아 있다가 1919년에 독일에서 만들어진 노동자와 병사들의 위원회에 들어간다. 이 위원회는 독일어로 레테라고 하고 러시아어로 소비에트라고 한다. 소비에트라고 하면 소비에트 연방 공화국이 가장 먼저 떠오를 것이다. 사실 소비에트라는 말은 위원회라는 뜻이다. 평의회라고 번역되기도 한다. 군부대 같으면 사병들이 조그만 위원회를 만들어 대표를 뽑은 뒤 그 대표들이 모여서 회의 중심의 정치를 하는 것이 소비에트식 사회주의 정치의 기본 구조다. 히틀러는 열성으로 참여한 데다가 말도 잘했기 때문에 그곳의 지도자인 평의원으로 뽑혔다. 히틀러가 처음으로 두각을 나타내는 순간이었다.

히틀러는 그 당시에 막 창당된 작은 우익 정당인 독일 노동자당에 들어갔다. 그리고 1920년 31세 때 독일 노동자당에서 나치당으로 이름을 바꾸고 그 정당을 중심으로 1923년 쿠데타를 일으켰다. 하지만 실패하고 감옥살이를 하게 된다. 히틀러는 감옥살이를 하며 자서전 《나의 투쟁》을 집필했는데 날개 돋친 듯이 팔리면서 베스트셀러가 됐다.

처음에는 정치인으로서 그다지 두각을 나타내지 못했지만 조금씩 나치당을 중심으로 해서, 특히 갈색 셔츠를 입은 부대를 양성하면서 정치적으로 두각을 나타내기 시작한다. 이탈리아의 무솔리니 추종자들이 모두 검은 셔츠를 입었던 것처럼 히틀러의 행동대원들은 모두 갈색 셔츠를 입으며 소속감을 과시했다. 그래서 '갈색 셔츠단'이라고 불리기도 했는데, 이들은 독일 정규군은 아니고 준군인 정도 됐다.

1929년에 발생한 대공황은 히틀러에게 있어 결정적인 기회였다. 안 그래도 1차 세계대전 패전국이 되어 대혼란에 빠졌던 독일에 대공황까지 겹치면서 그야말로 절체절명의 위기가 닥친 것이다. 이런 위기 속에서 파시즘이라고 하는 강력한 지도자 상을 선보인 히틀러는 단숨에 독일 국민들의 희망으로 떠올랐다. 마침내 1933년, 히틀러의 나이 44세 때 나치가 집권하면서 히틀러가 총리가 되어 권력을 잡게 된다. 1934년에는 독일의 국가원수가 되면서 총통이라 불렸다. 이후 1945년 56세에 자살로 생을 마감할 때까지 집권했다.

5인의 리더를 키운 힘은 학교가 아닌 독서

이들이 대체로 학교 공부보다 20대가 되어 자발적인, 자성적인 독서를 통해 자신의 인생을 결정했다는 데 주목할 필요가 있다. 간디는 영국 유학을 할 때, 그리고 그 이후에 민족 독립운동을 하면서, 또한 감옥에 있을 때도 주로 독서를 했다. 간디가 주로 좋아했던 책이 힌두교나 기독교 등에 관한 종교서적이었는데, 특히 톨스토이의 《신의 나라는 네 안에 있다》가 간디에게 큰 영향을 끼쳤다. 이 책을 읽고 그 속에 담긴 비폭력주의와 반물질문명에 큰 영향을 받아 비폭력 인권투쟁을 시작했다고 볼 수 있다.

러스킨의 《나중에 온 이 사람에게도》, 소로의 《시민의 저항》과 같은 책들을 읽고 나서는 자급자족하는 피닉스농장을 만들어 최초로 공동체 생활을 하기도 했다. 이때부터 죽을 때까지 간디는 아쉬람을 중심으로 살아갔다. 아쉬람은 인도의 전통적인 암자 시설인데, 종교적으로는 고행자들을 위한 수도원 역할을 하기도 하고 공동체 자급자족 생활을 할 수 있는 곳이기도 하다.

처칠은 사관학교를 졸업하고 소위가 되어 인도에서 3년을 근무했는데, 그때 비로소 독서를 통해 인격을 형성했다는 게 지금까지 처칠에 대해 다룬 전기의 일반적인 견해다. 그전에는 별로 책을 읽지도 않았을 뿐만 아니라 공부도 등한시했던 인물이었다. 그런데 인도에서 3년을 지내면서 그리스 고전, 플라톤이나 아리스토텔레스 고전을 비롯해서 제국의 운명에 대한 여러 명작들과 전쟁에 대한 책들을 읽었다고 한다.

특히나 처칠이 애독한 책이 에드워드 기번의 《로마제국 쇠망사》란 책이었다. 아마도 이 책이 처칠의 대영 제국주의를 형성한 계기가 아닐까 싶다. 우리나라에도 몇 차례나 번역된 이 책을 굉장히 높이 평가하는 사람들도 꽤 있는 것으로 알고 있는데, 로마는 유럽 제국주의의 원형이었다는 점에서 비판적으로 볼 필요가 있다. 대영 제국주의, 또는 일본 제국주의 같은 것을 조장하기에 충분한 책이었다.

스탈린도 다독가였다. 그는 감옥에서도, 심지어 내전이 벌어지고 있는 전장에서도 손에서 책을 놓지 않았다고 한다. 스탈린이 혁명가의 삶을 시작한 계기도 독서였다. 신학교에 재학 중일 때 마르크스, 플레하노프, 레닌 등의 공산주의 책을 접하면서 종교와 민족보다는 마르크스주의를 중시하게 된 동시에 제국주의와 종교적 질서에 대한 혁명을 꿈꾸게 되었던 것이다.

한편 루스벨트는 변호사 생활을 하는 동안, 그리고 소아마비로 재활 치료를 하면서 독서를 많이 했다. 애독서는 호메로스, 셰익스피어, 존 밀턴 등 서양 고전문학이었다. 그는 독서를 할 때에는 반드시 옆에 사전을 두고 모르는 단어를 찾아가며 책을 읽음으로써 이해력을 높였다. 또 자신이 존경하는 사람들이 읽은 책을 그대로 따라 읽어서 그 위인의 사상이 탄생한 배경을 이해하는 데 큰 도움을 받아 그런 위인을 닮고자 노력했다.

히틀러도 마찬가지로 감옥에서 독서를 대단히 많이 했다. 히틀러가 남긴 2만 권의 장서가 미군에 의해 압수되었다는 사실이 최근에 공개됐는데, 히틀러는 매일 500페이지씩이나 되는 책을 읽었다고 한다. 엄청난 독서광이었다. 실업학교에 다니면서 히틀러가 쇼펜하우어와 니체 등의 철학서를 감명 깊게 읽었다는 사실은 잘 알려져 있다. 쇼펜하우어의 《의지와 표상으로서의 세계》를 읽고는 니힐리즘을 극복하기 위해서는 의지가 필요하다는 내용을 독일인의 의지 철학으로 받아들였다고 한다. 또 니체의 초인철학을 위대한 인간이 되기 위한 하나의 철학적 근거로 받아들이기도 했다.

그런데 히틀러는 쇼펜하우어나 니체보다도 바그너의 오페라에 탐닉해서, 바그너의 오페라에서 표현되는 독일 고대 영웅들의 모습을 통해 자신의 사상을 형성했다. 비극적인 분위기 속에서 죽어가는 영웅들의 말로에 대한 찬양과 극적인 분위기는 나중에 히틀러의 연설, 또는 히틀러의 사상, 히틀러의 반유대주의까지도 영향을 미쳤다.

　리더가 도서관과 직결되는 이미지 메이킹을 하는 것은 중요하다고 생각된다. 리더들이 읽은 책들을 보여주면서 새로운 리더가 되려고 하는 후세들에게 긍정적인 영향을 끼칠 수 있기 때문이다. 그래서 인도에서는 간디도서관이나 네루도서관 같은 정치 지도자들의 도서관을 많이 남긴다. 루스벨트의 생가인 하이드파크에는 루스벨트도서관과 박물관이 자리 잡고 있다. 우리나라에는 김대중도서관이 있다.

제3장

1차 세계대전의 발발,
그리고
리더 5인의 역할

1차 세계대전이 발발했을 때 간디는 21년간의 남아프리카 체류 기간 막바지였기 때문에 참전하지 못했다. 하지만 1차 세계대전이 식민지 쟁탈전임을 꿰뚫어 보았다. 1차 세계대전 전에 병역을 면제받은 스탈린 역시 참전하지는 못했는데, 대신 이 시기에 공산주의 혁명 전초전에 나섰다. 처칠과 루스벨트와 히틀러는 1차 세계대전에 참전했다. 처칠은 해군 장관으로 영국 해군을 지휘했고, 루스벨트는 해군차관으로 미국 해군의 군수와 인사 업무를 담당했다. 히틀러는 독일군 일개 사병이었다.

이번 장에는 1차 세계대전 전후로 5인의 리더가 리더로서의 기반을 닦아가는 과정에 대해 이야기하고자 한다. 1차 세계대전은 과연 리더들에게 어떤 영향을 끼쳤을까?

제국주의 국가 간의 전쟁, 1차 세계대전

1차 세계대전이 발생하기 전 유럽 제국들은 세력 균형을 유지하기 위해 정치, 군사적으로 동맹을 형성했다. 1815년 프로이센, 오스트리아, 러시아의 신성동맹으로부터 시작된 그것은 1873년 독일과 오스트리아, 러시아가 프랑스를 고립시킬 목적으로 삼제동맹을 체결하는 것으로 이어졌다. 그러나 발칸반도를 둘러싸고 1879년 독일과 오스트리아가 삼제동맹에서 탈퇴하여 독오동맹을 따로 만들었고, 거기에 1882년 이탈리아가 가입하면서 삼국동맹으로 변했다.

1894년 삼국동맹을 견제하기 위해 러시아와 프랑스가 동맹을 체결하고, 영국이 1904년과 1907년에 각각 프랑스, 러시아와 협상을 맺으면서 영국, 프랑스, 러시아 간의 협력 체제인 삼국협상이 완성됐다. 삼국동맹과 삼국협상의 주요 국가인 영국과 독일은 군비경쟁을 중심으로 하여 대결했다.

이런 가운데 발칸반도에서 위기가 점증됐다. 발칸반도는 그 이전부터 유럽의 화약고라고 불릴 만큼 불안정한 곳이었다. 오스트리아가 1878년 보스니아 헤르체고비나를 점령하자 세르비아 및 그 후원자인 러시아가 크게 분노하면서 1, 2차 발칸전쟁이 발발했는데, 그 이후 발칸반도는 늘 위태로운 곳이었다.

그러다가 결국 1914년 6월 28일, 보스니아 헤르체고비나의 수도인 사라예보를 방문한 오스트리아의 프란츠 페르디난트 대공이 보스니아 민족주의 단체에 의해 암살당하는 일이 발생했다. 오스트리아에서는 세르비아 정부가 암살의 배후라고 믿고 세르비아에 선전포고를 했으며, 사라예보를 비롯하여 오스트리아 전역에서 반세르비아 폭동이 일어나도록 사주했다. 이 과정에서 세르비아인 5,500명이 수감되고 460명이 사형당했다.

사라예보사건은 유럽의 모든 나라를 긴장시켰다. 오스트리아가 세르비아에게 의도적으로 전쟁을 자극할 열 가지를 요구한 것에 대해 세르비아가 여덟 가지만 수락하자 오스트리아는 1914년 7월 28일 전쟁을 선포했다. 그러자 7월 30일 세르비아를 지원하는 러시아와 세르비아에 반대하는 독일이 각각 동원령을 내렸고, 결국 8월 1일 독일은 러시아에 선전포고했다.

독일은 8월 2일에는 룩셈부르크를 침공하고 8월 3일에는 프랑스에 선전포고했다. 8월 4일, 벨기에 영토를 통해 프랑스를 침공하려는 독일의 요구를 벨기에가 거부하자 독일은 벨기에에도 선전포고했다. 영국은 벨기에의 중립 상태를 유지하라는 최후통첩을 독일이 무시하자 8월 4일 독일에 선전포고했다. 이로써 전쟁은 유럽

1차 세계대전(1914~1918년)에서는 참호전으로 대치하는 양상을 띠었다. 참호전은 구멍을 파서 몸을 숨기고 공격과 반격과 수비를 하는 전투를 말한다.

전역으로 확대됐다. 마침내 영국, 프랑스, 러시아의 연합국과 독일, 오스트리아의 동맹국이 전쟁을 시작한 것이다. 이어 일본군이 산둥반도의 칭다오를 점령한 뒤 독일과 오스트리아에 전쟁을 선포하여 전쟁은 아시아로도 확대됐다.

그 뒤 3년간 지루하게 진행된 전쟁은 1917년 미국이 독일에 선전포고를 하고 연합국이 반격에 나서면서 동맹국의 군대가 차례로 투항하고는 1918년 끝이 났다. 약 1,000만 명이 전사한 끔찍한 전쟁이었다.

남아프리카에서 조국 인도로 돌아온 간디

간디는 영국에서 변호사 공부를 하고 난 뒤 인도로 돌아왔지만 2년여 동안을 변호사로 이렇다 할 두각을 나타내지 못했다. 그래서 1893년 인도 사람들이 노동자로 가 있던 남아프리카로 향했다. 이때가 24세였다. 원래는 1년 계획으로 갔지만 남아프리카에 있는 인도 사람들에 대한 여러 가지 반인권적인 차별에 분노해 21년 동안을 머물게 된다.

간디에 대한 책을 읽은 사람이라면 간디가 남아프리카에 가서 일주일 만에 기차에서 쫓겨나는 사건을 알고 있을 것이다. 열차 1등석 표를 가지고 있었음에도 불구하고 쿨리, 즉 인도인이라는 이유로 3등석으로 옮기라는 승무원의 지시를 거부하다가 기차에서 쫓겨난 사건 말이다. 영화 〈간디〉에도 그 사건이 첫 장면에 나온다. 이것은 대단히 중요한 사건으로, 간디가 각성하는 계기가 되었다고들 말한다.

하지만 그때만 하더라도 그냥 분노한 정도였지 민족 독립운동을 해야겠다는 생각까지는 없었던 것 같다. 어쨌든 간디는 그런 경험을 하고 난 뒤에 인도인이 영국인과는 다른 차별을 당하고 있다는 사실을 자각했고, 그래서 일종의 인권투쟁을 시작하게 됐다. 주로 인도인을 차별하는 것에 대한 항의가 중심이었다. 대표적인 것이 정부가 인도인의 이민을 제한하기 위해 지문을 등록하게 하는 것을 거부하는 운동을 주도한 일이었다. 이로 인해 여러 번 투옥됐지만 결국에는 철회시키고야 말았다.

이후 간디는 1899년, 그러니까 30세가 되던 해 보어전쟁에 참전해서 간호부대를 만들었다. 보어라고 하는 말은 네덜란드어로 농부라는 뜻이다. 그들이 16세기, 17세기에 남아프리카에 최초로 와서 농사를 짓고 살았는데, 영국인들은 그 뒤에 와서 같이 농사짓고 살았다. 그런데 보어인들이 사는 지역에 다이아몬드와 금이 발견되면서 영국이 이에 대한 이권을 차지하기 위해 당시 남아프리카 지역에 정착해 살던 네덜란드계 보어인이 건설한 트란스발공화국과 오렌지자유국을 침략하여 보어전쟁이 일어났다. 간디가 보어전쟁에 참전한 이유는 인도인도 영국인과 같은 대우를 받기 위해서는 영국이 어려울 때 영국을 도와야 한다고 생각했기 때문이다. 독립을 주장하기 위해서는 영국을 도와야 할 필요가 있을 때 도와야 한다고 본 것이다.

물론 간디도 나중에는 영국으로부터 완전히 독립해야 한다고 주장했지만, 보어전쟁 당시만 하더라도 오히려 영국에 고마워하며 영국이 어려울 땐 영국을 위해 싸워야 영국이 인도를 인정해줄 것이라 생각했다. 만약 우리나라의 독립운동가가 일제강점기에 일본이 어려울 때 일본을 도와야 한다는 주장을 하고 태평양전쟁에 참전했다면 현재 간디와는 전혀 다른 평가를 받았을 것이다. 실제로 우리나라 지식인들 중에 태평양전쟁, 대동아전쟁 때 전쟁에 참전하라고 독려하면서 훗날 민족 배신자라는 평가를 받았는데 간디의 경우는 달랐다.

그러다가 1906년 남아프리카의 원주민 줄루가 반란을 일으키는 사건이 발생했다. 이때도 간디는 간호부대를 만들어 전쟁에 참여했다. 간디가 비폭력 저항을 상징하는 사람인데 어떻게 전쟁에 참여했는지 의아하게 생각할지도 모르겠다. 그러고 보면 이때까지만 해도 간디가 절대적인 비폭력을 주장했던 것은 아닌 듯하다.

그 뒤 간디는 남아프리카에서 인도인들에 대한 차별에 저항하는 투쟁을 벌였다. 인도 사람들에게만 주민등록증 소지를 강요하는 것에 반대하여 주민등록증을 불태우는, 간디 최초의 비폭력 저항운동을 시작했다. 일제강점기에 일본에 갔던 조선인들이 해방 후에 일본에 재류할 때, 일본에서 조선인들에게만 신분증을 만들라고 강요하며 지문을 날인하려고 하자 이에 반대하는 운동을 벌인 적이 있다. 이것도 간디의 주민등록증 거부 운동에서 교훈을 얻었다고 볼 수 있다.

남아프리카에 사는 인도인들의 차별에 대한 청원운동을 하기 위해 영국에 갔다가 돌아오면서 간디는 《인도의 자치》라는 책을 썼다. 간디의 비폭력 저항운동의 기본 사상을 보여주는 아주 유명한 책이다. 간디는 이 책에서 비폭력을 주장하며 영국이 나쁜 것은 단순히 무력으로 인도를 지배했기 때문이 아니라 서양의 기계문명, 서양의 물질주의가 인도를 침략하게 했기 때문이라고 보았다. 그러므로 인도가 진정한 독립을 하기 위해서는 그런 기계문명으로부터 해방되고 물질주의로부터 벗어나야 된다고 주장하며 자신의 기본철학을 보여주었다.

또한 농장을 만들어 그것에 '톨스토이농장'이라는 이름을 붙이고는 70여 명이 공동생활을 하면서 인권투쟁을 했다. 그러다가 1914년 1차 세계대전이 발발했을 때 21년 동안의 남아프리카 생활을 마치고 인도로 돌아와 본격적인 독립운동을 하게 된다.

인도로 돌아온 간디는 1차 세계대전 종전 무렵인 1917년에 농민해방이라든가 아메다바드의 노동자 투쟁이라든가 케다의 소작농민 투쟁 등 여러 지역에서 인권 투쟁을 했다. 1차 세계대전에서 영국이 고전했기 때문에 인도의 일부 지도자들 중에는 이 기회에 영국에 폭력적으로 맞서 독립을 쟁취하는 것이 옳다고 주장했지만, 오히려 간디는 모든 대영 투쟁을 중지했다. 전쟁으로 인해 어려운 처지에 있는 영국을 괴롭혀서는 안 되고 곤경에 처한 영국을 도와야 뒤에 자치와 독립을 확보할 수 있으리라 생각한 것이다.

1차 세계대전을 전후로 하여 간디는 인도에서 비폭력 투쟁 사티아그라하를 본격적으로 전개하면서 인도 독립운동의 지도자로 떠올랐다. 간디의 비폭력 투쟁이라고 하는 것은 일단 정정당당하게 내 요구 조건을 다 이야기한 뒤, 이런 걸 해주지 않으면 나는 이런 행동을 할 것이라고 미리 전달해둔다. 그럼에도 불구하고 영국이 요구 조건을 들어주지 않을 때는 미리 예고했던 투쟁을 행동으로 보여주었다.

그런데 행동에 나서더라도 자신들이 원래 요구했던 것 이상을 요구하지 않고, 절대 폭력적인 수단을 강구하지도 않고, 영국이 안 해준다고 해서 영국에 대해서 폭력적인 보복을 하지도 않고 당당하게 감옥에 가는 것이 간디의 비폭력 투쟁 방식이었다. 간디가 검소한 옷을 입거나 실 잣기, 물레 돌리기, 염소 젖 먹기, 채식 같은 대중과 친화적인 요소들을 통해서 인도 사람들에게 대단히 호소력 있는 메시지를 전한 점도 비폭력 투쟁 방식과 더불어 인상적인 부분이다.

사실 간디 이전의 인도 독립운동은 일종의 엘리트 독립운동이었다. 변호사나 교수와 같이 영국에서 교육을 받고 영국 사람들과 친화력이 있는 일부 지도 계층 중심이었다. 또 브라만 계층 중심이었다. 간디의 후계자가 되는 네루를 비롯해서 인도의 민족 지도자들은 대부분 브라만 계급이었다. 인도의 최고 지배계급인 브라만이 영국에 가서 좋은 교육을 받으며 영국식의 젠틀맨십을 배워와 인도에서 엘리트주의적인 민족운동을 한 것이다.

인도에서 처음 만들어진 독립운동 단체가 인도국민회의였는데, 이것도 사실은 인도 사람들이 만들었다기보다는 영국 사람들이 만들어준 것이라고 봐야 한다. 즉 영국과 인도 지배층이 협조해서 만든 엘리트 중심의 독립운동이었기 때문에 일반 농민이나 상인 같은 민중과는 무관한 단체였다.

인도 역사상 최초로 민중 계층을 독립운동에 끌어들이는 역할을 한 사람은 간디였다. 인도 독립운동을 엘리트 중심의 계급적인 영역을 뛰어넘어 인도 민중 전체의 영역으로 승화시킨 것이 바로 1차 세계대전 전후 간디의 눈부신 역할이었다.

영국의 해군장관으로 1차 세계대전에 참전한 처칠

1895년에 사관학교를 졸업한 처칠은 전쟁에 참전해서 유명한 사람이 되겠다는 생각을 하게 된다. 처칠의 아버지는 우리나라로 따지면 기획재정부 장관을 했을 정도로 굉장히 유명한 정치인이었다. 처칠의 아버지는 아들을 무능한 인간으로 생각해서 별로 좋아하지 않았다. 그래서 처칠은 전쟁에 참전해서 전쟁 영웅이 되는 것이 아버지처럼 정치인으로 출세하는 길이라고 생각하여 일부러 전쟁터를 찾아다녔다.

최초의 참전은 당시 스페인의 식민지였던 쿠바의 독립전쟁(1895~1898년)이었다. 쿠바인들이 독립전쟁을 일으키자 쿠바인들을 진압하기 위해 처칠은 스페인군에 가담해 전쟁에 참여했다. 이어 1896년부터는 인도에 가서 3년 동안 근무했다. 이때 처칠은 파키스탄 북부 지역에 있는 말라칸드에서 벌어진 인도 민족 독립운동 진압에 참여했는데, 글재주가 뛰어났던 처칠은 이때의 이야기를 《말라칸드 야전군 이야기》라는 제목으로 책에 담기도 했다.

또 당시 영국의 식민지였던 아프리카 수단 원주민들의 독립운동인 옴두르만전투에도 참전했다. 이 전쟁에서 영국군은 기관총으로 원주민 1만 명을 살해하게 된다. 1만 명의 원주민을 기관총으로 살해한 영국군은 단 48명만 죽었다고 한다. 그래서 지금도 처칠은 아프리카 수단에서 그야말로 원수 취급을 당하고 있다. 그때 처칠이 했던 유명한 말이 "위험으로 단련하라.", "현실을 잊지 마라.", "운명은 스스로 결정하라." 등이었다. 전쟁을 경험하며 나름대로 얻은 교훈들이었다.

처칠은 1899년에 터진 2차 보어전쟁에도 참여했다. 2차 보어전쟁에는 간디도 간호부대를 만들어 간호병으로 참전한 바 있다. 1차 보어전쟁은 1880년 12월에 시작되어 4개월간 벌어졌고 2차 보어전쟁은 1899년부터 1902년까지 2년 8개월 정도 벌어졌는데, 2차 보어전쟁 때 최초로 게릴라전과 초토화전이 등장했다. 영국군에 비해서 병력이 적었던 보어인들이 게릴라전을 하는 반면, 영국군은 초토화전으로 그야말로 싹 쓸어버리는 전략을 취했다. 20세기에 일반화되는 전쟁이 2차 보어전쟁에 최초로 등장한 것이다. 특히 영국군이 보어인 포로를 집단수용소 40개에 수용하고 흑인 포로를 64개 수용소에 수용했는데, 이러한 수용소 정책이 나중에 히틀러에 의한 유대인들의 절멸 수용소로 발전하는 계기가 되었다. 그런 점에서 보어전쟁은 20세기 전쟁의 전초전을 형성했다고 볼 수가 있다.

보어전쟁에서 처칠은 전쟁 영웅이 된다. 그리고 그 여세로 1900년 26세의 나이에 보수당 후보로 영국 하원의원이 된다. 그러다가 1904년 보수당의 보호관세 정책에 반대하여 자유당으로 옮긴 뒤 자유당 내각에서 1905년부터 1908년까지 식민차관을 지낸다. 1906년에 남아프리카에 사는 인도인들이 부당한 대우를 당한다는 이유로 간디가 인도인들을 대표해서 영국으로 가 청원운동을 한 적이 있는데, 당시 식민지 담당 차관이 처칠이었다. 이때 처칠과 간디가 잠깐 만난다. 처칠과 간디가 평생을 두고 제국주의자와 민족주의자로서 투쟁을 했지만 실제로 만나는 것은 이때 딱 한 번뿐이었다.

1908년에서 1910년 사이 처칠은 통상장관 자리에 올랐다. 이어 1910년부터 1911년에는 내무장관을 지내게 되는데, 이때 보수적인 입장의 처칠은 여러 가지 갈등을 야기했다. 예를 들어 시드니 거리 포위 사건이나 웨일스 탄광촌의 파업, 참정권 투쟁 같은 노동운동 및 인권운동이 벌어지면 매우 공격적으로 대응했다. 또 여성 참정권에 대해서는 묵묵부답하는 모습을 보이기도 했다.

1911년부터 1915년까지는 해군장관으로 활약했다. 이 시기는 1차 세계대전이 발발하기 전부터 한창 진행 중인 때였다. 처칠은 해군장관으로서 오스만튀르크의 갈리폴리에 영국군을 파병하게 되는데, 그 파병 작전이 실패하고 만다. 그래서 갈리폴리전투에서 실패한 책임을 지고 1915년 해군장관에서 물러났다. 그 뒤 처칠은 1차 세계대전의 핵심적인 전선이었던 서부전선으로 가 종군한다. 이런 과정을 거치며 처칠은 1차 세계대전 전후로 하여 대영제국에서 가장 젊고 강력한 지도자로 부상한다.

러시아의 권력 핵심으로 떠오른 스탈린

스탈린은 1912년 2월 당시 러시아 국외에 체류 중이던 레닌이 자유주의적 온건파였던 멘셰비키와 최종적으로 결별하고 볼셰비키당을 조직할 때 그를 제1차 중앙위원회에 신입 위원으로 선출하면서 주목받기 시작했다. 같은 해 4월에는 잡지 〈프라우다〉를 창간하고 초대 편집장이 되었는데, 이때부터 '강철의 인간'이라는 뜻인 스탈린이라는 가명을 본격적으로 사용하기 시작했다. 이오시프 주가시빌리가 스탈린의 본명이다.

공산당의 기관지인 〈프라우다〉는 과학이나 경제, 문화 등 다양한 분야의 기사뿐만 아니라 볼셰비키당의 노선에 대한 해설도 실었다. 이 잡지의 특징이라고 하면 지역민과 하층민들이 두루 읽을 수 있도록 비전문적 용어와 지역 방언을 활용했다는 점이다. 비전문적 용어와 지역 방언을 활용한 기사는 교육 수준이 낮은 노동자나 농민에게 사상을 전파하는 데 막강한 효과를 거두었다.

그러다가 1913년 스탈린은 시베리아로 추방당했다가 이후 각지를 전전했다. 당시 스탈린은 공산당 중앙위원으로 선출될 만큼 두각을 나타내고 있었는데, 반대파 프락치의 음모로 인해 체포되는 바람에 시베리아에 4년이나 머무를 수밖에 없었다. 이 기간 중 그는 황실과 귀족에 대한 적개심과 원한을 키워나갔다. 당시 러시아를 지배한 황실과 귀족 때문에 노동자와 농민이 도탄에 빠졌다고 생각한 탓이었다.

　이런 이유로 스탈린은 1917년 2월혁명이 일어나 제정이 무너지고 케렌스키의 임시정부가 출범할 때, 황제의 가족은 물론 황족들까지 사형에 처해야 된다고 주장했으나 끝내 그의 주장은 받아들여지지 않았다. 2월혁명의 경우 우리나라를 비롯하여 많은 나라에서 채택하고 있는 그레고리력으로는 3월에 일어났으나 당시 러시아에서 사용된 율리우스력으로는 2월에 해당되어 2월혁명이라고 부른다. 간혹 어떤 자료에서는 3월혁명이라고 언급하기도 하는데 이와 같은 이유 때문이다. 10월혁명과 11월혁명이 혼용되는 데에도 이런 사정이 있다.

　같은 해 10월혁명이 일어나면서 케렌스키의 임시정부를 타도하고 최초의 공산주의 정권이 수립됐을 때 스탈린은 열성적으로 참여하여 활동했지만 트로츠키만큼 눈에 띄지 못했다. 트로츠키는 이후 스탈린의 최대 라이벌이 된다.

　1879년 우크라이나의 부유한 농가에서 태어난 트로츠키는 '레닌의 곤봉'이라는 별명을 얻을 정도로 레닌의 협력자였지만 농민문제, 당 운영, 사회주의 조직화 등에 있어서 레닌의 뜻에 가장 비판적인 의견을 냈던 인물이기도 하다. 결국 소수파 멘셰비키와 다수파 볼셰비키로 나뉘었을 때 레닌의 반대편인 멘셰비키에 가담함으로써 레닌과 반목하다가, 10월혁명 때는 볼셰비키당으로 들

1917년에 러시아에서 일어난 10월혁명 이후 권력을 장악한 볼셰비키파(볼셰비키당)는 소비에트 정권을 출범시켰다. 그에 앞서 같은 해 2월에 일어났던 2월혁명에서는 제정을 타도하고 임시정부를 세웠다.

어가 소비에트 의장이 되어 혁명을 성공으로 이끌었다. 그러면서 초대 소비에트 연방의 외무장관이 됐다.

10월혁명으로 볼셰비키가 집권한 직후, 스탈린은 인민위원회 내무 인민위원(내무장관)에 임명됐다. 또 인민위원회 인종문제 담당 인민위원(인종문제 담당 장관)을 겸임했다. 1919년에는 국가정보통제 담당 인민위원(보안 담당 장관)에 임명되어, 인종문제 담당 인민위원과 국가정보통제 담당 인민위원을 겸임했다.

볼셰비키에 반대하는 왕당파가 백군을 조직하여 러시아내전

(1918~1920년)이 개시됐을 때 스탈린은 당시 혁명군인 적군을 지휘하고 있던 트로츠키의 정책에 자주 반대했다. 훗날 공산주의 혁명 노선을 두고도 트로츠키와 스탈린은 대립구도를 형성했다. 트로츠키는 세계 공산주의 혁명을 계속 진전시킬 것을 주장한 '연속혁명론'을 내세운 반면, 스탈린은 우선 소비에트 연방을 튼튼한 공산주의 국가로 만든 뒤 세계적으로 공산주의를 확산시켜야 한다고 주장했다. 둘은 레닌이 뇌출혈을 일으켰을 때 레닌의 후계자 자리를 두고도 경쟁을 벌였는데, 결국 레닌 사후 권력 계승자는 스탈린이 되었고 트로츠키는 공산당에서 제명되었을 뿐만 아니라 소련 영토에서 추방됐다가 암살당했다.

1차 세계대전이 발발했을 때 스탈린은 징병 대상자가 되었지만, 어릴 때 당한 교통사고로 인해 생긴 왼팔의 장애 때문에 병역이 면제됐다. 그래서 1차 세계대전과는 그다지 인연이 깊지 않다. 그러나 1차 세계대전이 장기화되면서 터진 러시아의 2월혁명을 통해 스탈린은 자신의 이름을 널리 알리기 시작했다.

스탈린은 러시아에서 사회주의혁명을 일으킨 볼셰비키 당원 중에서도 황제였던 니콜라이 2세를 비롯해 황제의 가족은 물론 황족들까지 사형에 처해야 된다고 주장하고, 혁명으로 임시정부를 타도하고 공산주의 정부를 세우자고 주장하는 등 가장 과격한 모습을 보인 혁명가였다.

미국의 해군차관으로 1차 세계대전에 참전한 루스벨트

요즘 미국의 분위기를 보면 자본주의 일변도의 사회처럼 보인다. 노동운동이나 사회주의운동은 찾아볼 수가 없다. 그러나 1910년대, 그러니까 20세기 초반의 미국은 그렇지 않았다. 20세기 초반만 하더라도 미국은 노동운동의 중심인 AFL-CIO(미국노동총연맹산업별노동조합회의) 외에 IWW(세계산업노동자연맹)라고 하는 대단히 진보적이고 사회주의적인 노동조합이 만들어져 아나키즘적인 경향이 있는 노동운동이 전개되기도 했다. 지금은 이런 노동조합의 세력이 약화돼 미국 정치에서 누각을 나타내지 못하고 있지만 20세기 초반에는 강한 세력을 가지고 있었다.

실천적인 사회개혁에 불을 지핀 문학작품, 사상가, 철학가도 다수였다. 예를 들어 업턴 싱클레어의 《정글》 같은 소설은 당시 미국의 도축장에서 벌어지는 비참한 노동조건과 위생조건을 폭로하고, 그곳에 종사하는 이민노동자들의 비극을 부각시켰다. 그리하여 미국 식품의약국, 즉 FDA가 만들어져 식품의약품위생법이라든가 육류검역법이라든가 하는 위생에 대한 정책이 실시되는 계기를 만들었다.

다시 말해 루스벨트가 1910년 28세의 나이로 뉴욕 주 상원의원이 되어 1913년까지 활동할 때 미국은 진보적인 분위기가 강했다. 20세기 초엽에 태어난 사람들을 흔히 가장 위대한 세대, 즉 'Greatest Generation그레이티스트 제너레이션'이라고 부른다. 톰 브로커

Tom Brokaw의 베스트셀러《The Greatest Generation》에서 따온 용어다. 이들은 공적인 책임감과 공공성을 대변하는 인식을 가지고 있었다. 그래서 2차 세계대전이 끝날 때까지만 하더라도 시민의식도 강하고 정치 참여의식도 강하고 사회의식도 강한 세대라는 평가를 받았다.

그런 진보적인 시대에 20대를 보내고 정계로 진출한 루스벨트는 그 당시 주류였던 미국의 자유방임주의, 또는 시장자본주의를 절대시하는 경향을 비판하고 공동체의 공익을 중시했다. 즉 자본가 중심의 사익이 아니라 사회 중심의, 공동체 중심의 공익을 강조하는 공익주의를 주장하는 정치인이었다. 그러면서 상원의원으로 재선에 성공했고, 상원의원으로 활동하면서 미국 정계에 알려지기 시작했다.

1912년 우드로 윌슨이 미국의 28대 대통령에 당선되자 루스벨트는 1913년 윌슨 대통령 정부에서 해군차관에 임명됐다. 윌슨과의 만남은 루스벨트의 생애에 새로운 시작이었다. 루스벨트는 그전부터 윌슨의 높은 지성과 새로운 자유 구현을 위한 그의 헌신에 감동했다. 지성과 이상을 바탕으로 한 교유에서 윌슨은 루스벨트가 만난 최초의 인물이었다. 1차 세계대전 이후 윌슨이 주장한 민족자결주의나 국제연맹 창설을 위한 노력도 루스벨트에게 큰 영향을 끼쳐, 2차 세계대전 이후 루스벨트가 국제연합UN을 창설하는 계기가 됐다. 루스벨트가 윌슨 정부에서 만난 사람들도 그에게 새로운 판단 기준을 갖도록 독려했다.

1913년 윌슨은 루스벨트에게 보람 있고 경제적으로 혜택이 큰 두 개의 자리를 제의했는데, 바다를 좋아한 루스벨트는 바로 해군차관을 선택했다. 그때는 1차 세계대전이 발발하기 1년 전이었으나 루스벨트는 전쟁을 예상하고 있었으므로 대비책을 강구했다. 미국이 참전할 무렵 루스벨트는 항만과 해군 시설을 기계처럼 움직일 수 있도록 정비하고, 해군을 위한 주택사업과 같은 복지사업에도 관심을 기울였다.

또한 군수품 관리라든가 인사정책 같은 데서 혁신을 이루어냈다. 예를 들어 1차 세계대전을 겪으면서 미국 해군이 상당히 약세였다고 판단한 루스벨트는 해군의 군사력을 강화하고자 대형 전함을 구축했다. 그래서 미국의 해군을 일류로 만들었다.

이 과정에서 해군을 위한 조선소에 동원됐던 노동자들의 노동조건을 개선하려는 노력도 기울였다. 이 경험은 훗날 뉴딜정책의 기본이 된다.

독일의 연락병으로 1차 세계대전에 참전한 히틀러

부모를 잃고 고아가 된 히틀러는 빈에 머물렀다. 지금도 히틀러가 살았던 하숙집이 빈에 그대로 남아 있다. 히틀러는 1907년과 1908년에 걸쳐 두 번이나 빈의 미술아카데미에 지원하여 시험을 치렀지만 떨어졌다. 유럽에는 미술대학이나 음악대학, 공과대학이 우리나라처럼 종합대학교에 포함되지 않고 단과대학으로 분화되어 있다. 유럽의 대학이라고 하는 것은 인문대학을 가리킨다.

두 번째 시험까지도 떨어지자 히틀러는 화가 나서 학장을 만나러 갔다. 그러자 학장은 히틀러에게 미술이 아니라 건축을 하라고 권유했다. 미술대학에 들어가기 위해서는 포트폴리오를 제출해야 하는데, 히틀러가 낸 작품은 전부 거대한 건축물을 그린 것들뿐이었다. 그런데 20세기 초 빈에서는 소위 분리파라고 하는 구스타프 클림트나 에곤 쉴레 같은 화가들을 주목하고 있었다. 이들은 전통적인 고전주의 스타일의 미술이 아니라 대단히 혁신적이고 전위적인 미술을 선보였는데, 히틀러의 그림은 고전 스타일의 건축 풍경 그림들뿐이어서 회화로서 미적인 가치가 있거나 감동을 주는 부분이 없었다. 그래서 학장이 건축하는 게 낫겠다고 평가한 것이다. 건축을 하기 위해서는 고등학교 정식 졸업장이 있어야 했는데 히틀러는 졸업장이 없었기 때문에 건축을 하지 못하고 1914년까지 실업자로 살았다.

20세기 초 무렵의 빈은 빈 르네상스라고 불릴 정도로 철학, 과학, 예술 등이 발전했다. 아인슈타인도 그때 빈에 있었고 클림트 같은 화가, 프로이트 같은 심리학자 등 수많은 사상, 예술, 문화의 천재들이 빈의 르네상스를 이루었다. 빈에는 'staatsoper'라고 하는 유명한 국립 오페라 극장이 있는데 히틀러는 그곳에 가서 오페라를 많이 봤다. 어떤 정치가보다도 히틀러는 예술에 조예가 깊은 사람이었다.

빈에서 살던 히틀러는 20세 전후가 되면서 군대에 가야 할 상황에 처했다. 히틀러는 오스트리아 출신이었지만, 도리어 독일을 자기 조국이라 생각했다. 당시 오스트리아에 체코, 불가리아, 루마니아, 헝가리 같은 슬라브계 민족들이 많이 살고 있었고 유대인들도 많이 살고 있었기 때문에 다민족국가인 오스트리아에 충성하고 싶지 않았던 것이다. 그래서 독일어를 말하는 독일인으로서 독일에 충성하겠다는 생각에 오스트리아를 떠나 독일의 뮌헨으로 간다. 다시 말해 병역기피를 한 것이다.

지금은 뮌헨이 독일에서 대단히 중요하고 큰 산업도시지만 당시만 하더라도 가난하고 보수적이며 농민들이 많았던 곳이었다. 히틀러가 뮌헨에서 2년 동안 병역을 기피하며 살고 있는 것을 오스트리아 군대가 그냥 둘 수는 없어 히틀러를 잡아와 잘츠부르크에서 재판을 진행했다. 그런데 판사가 히틀러를 보더니 군대에 갈 의욕이 없어 보이는 건 둘째 치고 너무 형편없는 사람이어서, 군대에 보내봤자 유용한 군인으로서 역할을 못할 것 같다고 판단하여 그냥 집에 가라는 식의 가벼운 판결을 내렸다. 군대가 무서울 정도로 겁쟁이니까 군대에 갈 필요가 없다고 통보한 것이다. 심신미약을 이유로 군 면제를 받은 히틀러는 1914년 25세의 나이에 다시 뮌헨으로 돌아온다.

바로 그때 1차 세계대전이 발발한다. 1차 세계대전이 발발했을 때 독일 뮌헨 오데온광장에서 독일의 1차 세계대전 참전을 환영하는 집회가 있었는데, 이때 히틀러도 수많은 인파 속에 서 있는 사진이 남아 있다. 히틀러는 이 사진을 나치의 선거 홍보물로 활용한 바 있는데, 최근 이 사진이 조작됐을 가능성이 높다는 의문이 제기되고 있다. 또 히틀러가 군대에 가겠다고 청원했을 때 독일군에서 하루 만에 자신을 받아들였다고 자서전에 쓰고 있지만 그 또한 사실상 거짓말로 밝혀지고 있다.

아무튼 실업학교를 그만두고 백수로 몇 년을 그냥 놀며 지내던 히틀러에게 1차 세계대전은 군대라는 최초의 직장도 주고 군인이라는 최초의 직업도 주었다. 자원입대한 히틀러는 서부전선에 투입된다. 서유럽 지대에 형성된 전선인 서부전선은 1차 세계대전하면 가장 먼저 떠오르는 참호전의 참상이 벌어진 곳이다. 1차 세계대전에서 독일은 서부전선에서는 영국, 프랑스와 대치하고 동부전선에서는 러시아와 대치했다.

히틀러는 독일군 연락병으로 근무하면서 상병으로까지 진급했다. 참호를 나와 전선까지 뛰어가는 것이 일이었던 연락병은 언제나 적의 표적이 되어 저격을 당할 수 있다는 점에서 매우 위험한 보직이었다. 또한 당시는 통신수단이 미비했기 때문에 아군의 오폭으로 연락병이 죽는 경우도 있었다. 특히 히틀러가 최초에 배치된 부대는 두 달 동안 3,000명이 전사하는 격전이 치러진 곳이었다. 이러한 상황에서 히틀러는 몇 차례나 죽을 고비를 넘기고 큰

1차 세계대전에서 독일군과 연합군이 격돌한 프랑스 동북부의 전선을 '서부전선'이라고 한다. 독일 쪽에서 보았을 때 서쪽 전선이라는 뜻에서 유래된 이름이다. 서부전선에서의 치열한 전투로 인해 프랑스 동북부, 벨기에 전역은 폐허가 되었고 엄청난 사상자가 발생했다. 1930년 미국에서 제작된 영화 <서부 전선 이상 없다>는 독일군의 입장에서 서부전선의 이야기를 다루었다.

공을 세워 철십자훈장을 받았다. 히틀러는 뒤에 이 시기를 '내 인생에서 가장 찬란하고 가장 잊을 수 없는 시간이었다.'고 회상하기도 했다.

전쟁 막바지에는 가스전에서 가스를 맞고 실명 위기에 처하기도 했지만 결국 회복됐다. 이렇게 열정적으로 군대 생활에 임했으나 상병으로 제대하고 말았다. 당시에는 사병이었다가 하사관으로 진급하는 게 보통이었는데, 히틀러는 지휘 능력이 없다는 이유로 진급도 못하고 상병으로 제대한 것이다.

1차 세계대전이 끝난 뒤에는 대부분 자기 고향이나 직장으로 복귀했지만 히틀러는 돌아갈 고향도 없고 돌아갈 직장도 없어서 계속 군인으로 남았다. 그리고 이때부터 정치 활동을 하기 시작했다. 당시 독일뿐만 아니라 어느 나라에서나 군인은 정치 활동을 못하게 되어 있었지만 히틀러는 제대를 하기 전 군인의 신분으로 나치당을 만들어 정치 활동을 했다. 이때부터 정치인으로서 히틀러의 인생이 시작된다.

1차 세계대전은 무엇을 남겼을까?

1차 세계대전은 1914년 7월 28일부터 1918년 11월 11일까지 전개됐다. 영국, 프랑스, 러시아, 일본, 미국 등이 힘을 모은 연합국과 독일, 오스트리아, 오스만튀르크 등이 힘을 모은 동맹국과의 전쟁에서 승리를 거둔 것은 연합국이었다. 1차 세계대전은 전 세계적으로 전개된 최초의 전쟁으로, 참전국들이 대부분 제국주의 국가이기 때문에 제국전쟁이라고도 한다.

전쟁에 승리한 영국과 프랑스와 미국은 더욱더 강력한 제국으로 발전했다. 1902년 영국과 영일동맹을 맺으면서 무임승차 비슷하게 승전국이 되어버린 일본은 오세아니아 군도에 대한 지배권을 확보했고, 독일의 식민지였던 칭다오를 차지했다. 이후 칭다오는 일본의 만주 침략 교두보가 되었다. 결과적으로 1차 세계대전은 일본이 강대국으로 올라서는 계기를 마련해주었다.

전쟁에 패배한 독일, 오스트리아, 오스만튀르크는 몰락한다. 특히나 독일의 피해가 가장 막심했다. 베르사유조약으로 인해 독일은 군주제를 포기하고 공화정으로 전환해야 했으며, 모든 해외 영토와 식민지를 포기해야 했다. 또한 알자스와 로렌을 프랑스에 넘겨주고 폴란드를 독립시켰다. 막대한 배상금을 지불해야 하는 것, 군비를 제한하는 것도 독일로서는 너무나 버거운 일이었다. 그 결과 독일에서는 인플레이션이 일어나고 실직자가 속출했다. 또 다른 패전국이었던 오스트리아와 오스만튀르크는 많은 영토와 인구를 잃었다. 그러면서 발칸반도와 중동지방에서 많은 나라가 독립했다.

처음에는 동맹국으로 참전했으나 한창 전쟁이 진행 중일 때 동맹국을 배신하고 연합국에 가담한 이탈리아는 승전국이었음에도 불구하고 영토를 보장받기는커녕 연합국으로부터 오히려 냉대를 받았다. 그 결과 1922년 베니토 무솔리니에 의한 파시스트 정권이 수립된다. 중국도 연합국이었으나 이탈리아와 마찬가지로 산둥반도에 대한 이권을 돌려받지 못하면서 5·4운동과 공산주의 운동이 일어나는 단초가 되었다.

러시아 역시 1차 세계대전의 승전국이었으나 얻은 것은 혁명뿐이었다. 1차 세계대전 초반에는 프로이센의 동부 지역을 침공하

1919년 1월부터 1차 세계대전의 종결을 위해서 연합국 지도자들이 프랑스 파리에 모여 파리평화회의를 개최했다. 이 회의를 통해 독일과 베르사유조약을, 오스트리아와 생제르맹조약을, 불가리아와 뇌이조약을, 헝가리와 트리아농조약을, 오스만튀르크와 세브르조약을 체결하였다. 승전국이었던 영국, 프랑스, 미국 3국은 주도권을 장악했다.

여 점령하기도 했으나, 이후 동맹국 세력에 밀리면서 동부전선이 프로이센에서 우크라이나로 점차 후퇴했다. 전쟁에 따른 엄청난 경제적 손실과 혼란 속에서 자유주의자, 기업가, 장군, 귀족 모두가 차르 정부에 등을 돌렸고, 빈곤한 노동자 계층들은 보다 적극적으로 차르 정부의 퇴진을 요구했다. 결국 1차 세계대전은 사회주의혁명을 낳는 결과를 초래했다.

1차 세계대전 이후 승전국들은 강력한 세력을 더욱더 공고히 다졌다. 하지만 당시 문명국을 자처했던 유럽 국가들이 너무나도 야만적인 전쟁을 치름으로써 1,000만 명에 가까운 군인들이 죽고 2,000만 명에 가까운 군인들이 다치는 등 처참한 인명 피해를 발생시켰다는 책임에서 자유로울 수는 없었다. 이로 인해 1차 세계대전 이후로 유럽 문화는 기술 문명에 회의하는 비관주의로 흘러갔다.

제4장

1920년대,
세상을 평정한
5인의 리더

1차 세계대전이 끝나고 1920년대에 접어들었지만 여전히 세상은 시끄러웠다. 인도는 독립을 인정하지 않는 영국에 분노했고, 영국은 식민지를 어떻게 지킬 것이냐에 대한 걱정이 커지면서 식민지 정책이 교착상태에 빠졌다. 2월혁명과 10월혁명을 거치면서 공산주의 정권이 들어선 소련은 권력투쟁으로 혼란스러운 나날을 보냈고, 미국에서는 헨리 포드가 자동차를 대량생산하여 대중화에 성공함으로써 다른 산업들까지 더불어 엄청난 속도로 발전했다. 1차 세계대전에서 패배한 독일은 베르사유조약의 통제 안에서 고통의 시간을 보냈다.

이런 혼란스러운 분위기 속에서 5인의 리더는 자신들의 철학을 전파하며 조국의 희망으로 떠오른다. 이번 장에서는 1920년대 리더들의 활약상은 어땠는지 살펴보겠다.

간디, 그리고 1920년대 인도의 독립운동

간디가 50세가 된 1919년의 인도는 매우 시끄러웠다. 1차 세계대전 때 영국 측에서 인도가 참전하면 독립을 보장해주겠다고 약속하여 100만 명이나 참전했는데, 전쟁이 끝나고 나서 독립을 보장하기는커녕 약속을 헌신짝처럼 버리는 모습에 분노한 인도인들이 들고 일어난 것이다.

그러자 영국총독부는 인권적 차원에서 인도인들을 억압하는 롤레트법, 즉 형사긴급권법이라고 하는 법을 만든다. 영장도 없이 체포하고 재판도 없이 구금할 수 있도록 한, 사법절차나 형사절차뿐만 아니라 민주적인 절차까지도 무시한 법이었다. 이 법에 대해 간디는 '내 생애 최고의 싸움'이라고 하면서 결단력 있게 저항하는 사티아그라하를 벌였다. 그러면서 하르탈이라고 하는 전국 파업을 전개했다. 전국의 모든 공무원, 특히 영국에 관련된 직장에서 근무하는 인도인들이 일을 그만두면서 투쟁했는데, 이것이 전국적 단위로 전개된 최초의 민족운동이었다. 이에 대해 간디는 책임을 지고 구속이 된다.

롤레트법에 대한 저항운동이 벌어지는 가운데 암리차르에서 학살 사건이 터진다. 인도에는 시크교라고 하는, 여러 가지 색깔의 터번을 쓰는 사람들의 종교가 있다. 인도에는 힌두교만이 아니라 이슬람교, 시크교, 자이나교 등 여러 종교가 있는데 그중에 시크교는 엄격한 계율을 지키는 인도의 종교였다. 이 시크교의 성지인 암리차르에서 영국의 약속 위배를 비판하는 집회가 열렸다. 집회가 열린 광장에는 출구가 몇 개 있었지만 대부분 좁았다. 그런데 제일 넓은 출구 하나만을 남겨놓고 좁은 출구들을 다 막아놓은 상태에서 영국 군대가 넓은 출구에 전차를 배치해두고 학살을 자행한 것이다. 이때 1,000명 이상의 인도인이 희생됐다.

당시 영국 내각에서는 암리차르 학살을 저지른 다이어 장군을 옹호하는 세력도 있었지만 처칠은 너무나 부끄럽고 수치스러운 짓을 했다고 비판했다. 처칠이 제국주의자이긴 했지만, 영국인이 인도인의 인권을 침해하고 학살을 자행한 부분에 대해서 소신껏 자신의 주장을 펼친 것을 두고 처칠의 리더십을 엿볼 수 있다는 평가를 하기도 한다. 처칠은 정책의 수위를 명확하게 조절할 수 있는 사람이었다.

그러나 그 당시 영국에서 보수 세력이 워낙 강했기 때문에 다이어 장군은 면직되지 않고 가벼운 징계로 끝났다. 다이어 장군의 그런 만행에 대해서 문학가들 사이에서도 옹호하는 입장과 비판하는 입장이 갈렸다. 《정글북》이라는 명작으로 우리에게도 익숙할 뿐만 아니라 노벨 문학상까지 받은 작가 키플링은 옹호하는 입장이었다. 제국주의자였던 키플링은 암리차르 사건 때 다이어 장군을 옹호하는 글을 쓰고 모금 운동까지 할 정도였다. 반면 같은 노벨 문학상을 받은 타고르는 영국으로부터 받은 훈장을 다 돌려줄 정도로 암리차르 사건에 분개했다.

암리차르 사건은 인도의 독립운동에 불을 질렀다. 1차 세계대전이 끝난 뒤 영국이 독립 약속도 안 지키고 암리차르 사건 같은 학살도 저지르고 하니 간디는 더 이상 영국에 협조할 수가 없다고 결심한다. 그리고 본격적으로 물레 잣기 운동, 국산품 면직 운동, 그리고 영국 의복 불사르기 같은 독립운동을 전개했다. 특히 뭄바이에서 영국산 옷을 소각하는 비협력 운동을 할 때는 옷을 불태우느니 차라리 가난한 사람에게 주라고 하는 타고르와 언쟁을 벌이기도 했다. 이때 간디는 영국산 옷을 불태우는 것은 단순히 영국에 대한 반감 때문이 아니라, 인도인들의 수치심을 불태우는 것이고 인도인들의 역사적인 자존심을 세우는 것이기 때문에 그렇게 함부로 얘기할 수 없다고 반박했다. 영국산 옷을 불태우는 것은 민족의 독립 의지를 되새기는 중요한 계기가 된다는 판단이었다.

그러다가 1922년에 인도의 차우리차우라라는 작은 마을에서 유혈 폭동이 발생했다. 처음에는 몇 안 되는 인도인들이 영국군과 싸웠으나 그것이 유혈 폭동으로 확대된 것이다. 그동안 비폭력 저항운동을 이어가던 간디는 이 사건을 계기로 모든 비폭력 저항운동을 중단할 것을 결정한다.

그러자 당시 간디 옆에서 간디의 비폭력 저항운동을 도왔던 네루 같은 청년 독립운동가들이 펄쩍 뛰었다. 이제야 인도 민중이 영국의 배신을 알고 민족적 차원에서 거국적으로 독립운동이 일어나려고 하는데, 조그만 마을에서 폭력 사태가 벌어졌다고 해서 모든 독립운동을 중단한다니 말이 안 되지 않느냐고 하면서 간디에 맞섰다. 그래도 간디는 소신껏 비폭력 저항운동을 중단했다. 《간디 자서전》에는 차우리차우라 유혈 폭동 사태에 대해 '히말라야 산맥과 같은 실수'였다고 씌어 있다.

그 뒤 간디는 체포되고 반란죄로 6년형을 받는다. 하지만 1924년 가을에 맹장염 수술을 받고 석방된다. 이제는 더 이상 영국하고 타협할 길이 없다, 이제는 완전 독립의 길뿐이다, 라고 선언한 것은 1929년의 일이었다. 1929년은 미국에서 대공황이 폭발하는 시점이기도 하다.

처칠, 그리고 1920년대 영국의 제국주의

처칠은 1917년부터 1919년까지 영국의 군수장관을 지냈다. 우리나라 정부 부처에는 없는 직책이다. 그런데 영국군은 제국 군대여서 방대한 규모였기 때문에 내각에 특별히 군수장관이라는 직책을 두고 군대의 재정을 담당하게 했다.

1917년 10월 러시아에서는 레닌이 공산주의 정권을 수립하기 위해 혁명을 일으켰다. 이후 1918년부터 1920년까지 내전 상태가 지속됐다. 그때 혁명군인 적군과 차르(황제) 군대인 백군이 싸웠는데, 처칠을 위시한 영국은 레닌이 볼셰비키가 이끄는 공산주의 정권을 수립하기 위해서 쫓아내려고 했던 차르의 마지막 군대 백군을 지원했다. 그러면서 처칠과 레닌은 원수지간이 됐다.

처칠은 그전부터 반공주의자였지만 1917년 이후부터는 반소주의자까지 됐다. 1930년대 초반만 하더라도 처칠은 히틀러에 대해서 굉장히 호감을 보이면서 지지했는데, 다름 아닌 히틀러가 공산주의를 싫어했기 때문이었다. 히틀러가 공산주의를 싫어하는 이유는 유대인 중에 공산주의자가 많아서 유대인이 싫으니까 공산주의도 싫었던 것이다. 물론 히틀러에 대한 처칠의 호감은 1930년대 후반이 되면서 완전히 사라진다. 히틀러가 결국은 전쟁을 일으킬 것이라는 사실을 영국의 정치인 중에서 누구보다도 빨리 알아채고 그에 대비했다.

처칠은 군수장관 시절 중동의 팔레스타인에 이스라엘 국가를 건설하는 것을 지원하기도 했다. 팔레스타인에는 원래 2,000년 이상 아랍인들이 살고 있었다. 그런데 2,500년 전부터, 그러니까 기원전부터 전 세계에 흩어져 사는 디아스포라가 된 유대인들이《구약성경》에 자신들의 나라가 이스라엘이라고 기록되어 있다는 것을 근거로 해서 그곳으로 들어왔다.

그렇게 된 결정적인 계기는 영국의 외무장관인 아서 밸푸어가 사적으로 영국계 유대인 지도자에게 보내는 편지에 팔레스타인으로 돌아가는 것을 허락한다고 쓴 것이었다. 그런데 밸푸어는 아랍인에게도 똑같은 약속을 했다. 그러니까 아랍인도 팔레스타인에 살 수 있게 하고, 유대인도 살 수 있게 하겠다고 약속한 셈이다. 이것이 지금 팔레스타인에서 벌어지고 있는 아랍인과 이스라엘 간 분쟁의 원인이다.

처칠은 밸푸어선언을 지지하는 정책을 이어나갔다. 당시 팔레스타인은 오스만튀르크의 지배를 받고 있었는데, 1차 세계대전 때는 오스만튀르크가 영국과 적대 관계에 있었다. 적대 관계에 있는 오스만튀르크를 치기 위해 유대인들이 팔레스타인에 들어와서 사는 것을 허용했다. 팔레스타인에서 지금까지 벌어지고 있는 아랍인과 이스라엘의 분쟁도 우리가 겪고 있는 남북한의 분단 상황만큼 심각한 비극인데, 그렇게 되기까지 처칠의 역할이 컸다. 1937년 처칠은 "개가 오랫동안 여물통을 차지한다고 해서 그 여물통의 최종 권리가 개에게 있다는 생각에는 찬성할 수 없다."고 하면서 팔레스타인 사람들이 2,000년 이상 이스라엘에 살았다고 해서 팔레스타인 땅이라고 할 수 있느냐고 반문했다.

이어 1919년부터 1921년까지 처칠은 공군장관 겸 육군장관을 지낸다. 이때 볼셰비키에 신경가스를 무제한 사용해도 좋다고 하는 정책을 실시해 문제가 된 바 있다. 사실은 그 이전에도 이미 영국은 화학무기를 개발해 사용한 적이 있었다. 1차 세계대전 때 히틀러가 화학무기로 인해 눈이 실명될 위기에 처하기도 했는데, 화학무기를 1차 세계대전에서 처음으로 사용하도록 허용한 영국의 내각 요원이 처칠이었다.

1917년에는 팔레스타인 가자 지구에서도 질식성 가스를 사용하도록 허가했다. 뿐만 아니라 쿠르드족은 벌레와 같은 종족이라고 말하며 모멸감을 준 것으로도 모자라, 그들의 독립투쟁을 잔혹하게 진압하며 독가스를 사용해도 좋다는 식으로 대처했다. 나중에는 인도에도 화학무기, 신경가스 무기를 사용하도록 지시했다. 처칠은 영국에 이익이 되지 않으면 어떤 민족이든지 간에 독가스를 사용해서라도 궤멸시키는 정책을 실시한 인물이었다. 그래서 2013년 시리아내전 때 화학무기를 사용한 것을 영국과 미국 등이 비난하자, 오히려 영국이 먼저 화학무기를 사용했다는 비난을 받기도 했다.

1921년부터 1922년까지 처칠은 식민지 정책의 총책인 식민장관을 지낸다. 이 시기 영국은 최대 넓이의 식민지를 지배하고 있었다. 1차 세계대전이 끝나고 난 뒤 더 많은 식민지를 차지했기 때문이다. 이 시기는 인도에서 독립운동이 본격적으로 벌어지던 때였으므로 식민장관이었던 처칠은 인도의 독립운동과도 떼려야 뗄 수 없는 관계에 놓일 수밖에 없었다. 그런데 처칠은 인도의 독립을 단호하게 반대하는 입장이었다.

　사실 영국 내에서는 이미 1차 세계대전 중에 인도는 더 이상 영국이 지배할 수 없다는 의견 쪽으로 흘렀다. 당시만 해도 3억 인구가 넘는 인도를 영국인 10만 명이 지배하고 있었는데(추정), 경제적으로 별 이익도 없고 여러 가지 문제가 많다고 하여 이미 영국에서는 인도의 독립을 보장하라는 여론이 지배적이었다. 그런데 처칠은 끝까지 반대했다. 1947년 인도가 독립하는 순간까지도 반대했고, 심지어 인도가 독립하고 난 뒤에도 인도에 대해서 굉장히 반감을 갖는 제국주의자로서의 면모를 고스란히 보여줬다.

　인도의 독립에 철두철미하게 반대하던 처칠은 1922년에 2년 동안 의원직을 상실한다. 65년 의원 생활 중 이때 단 2년을 쉰다. 그러다가 자유당에서 보수당으로 옮겼는데, 보수당으로 출발해서 자유당으로 갔다가 1924년 다시 보수당으로 돌아온 것이다. 보수당에 다시 입당한 1924년부터 1929년까지 재무장관을 지낸다. 재무장관을 하면서 과거 대영제국의 경제정책이었던 금본위제를 부활시켰지만 이것이 엄청난 디플레이션을 초래해 물가가 떨어지고 실업이 증가했다.

　결국 1926년 영국에서는 큰 파업이 일어난다. 20세기 초 무렵 영국 노동운동은 대단히 거세지고 특히 1917년 러시아혁명 이후에는 영국에서도 사회주의 운동이 적극적으로 일어나고 있었다. 당시 재무장관이었던 처칠은 파업을 철저하게 분쇄하면서 노동자들,

특히 노동당과 유난히 적대적인 관계가 됐다. 그로 인해 1930년대에는 더 이상 장관직을 유지하지 못하고 집에서 그림이나 그리는 한가한 생활을 하게 된다.

그 와중에도 당시 집권당인 노동당 정부가 인도의 자치를 인정하자고 하거나 독립을 보장해야 된다고 주장하는 것에 강력하게 반대하고 나섰다. 이때도 처칠은 장관직은 잃었지만 의원직은 유지하고 있었다.

스탈린, 그리고 1920년대 소련의 공산주의

1904년에서 1905년까지 치른 일본과의 전쟁, 즉 러일전쟁에서 패배한 러시아는 위기를 맞이했다. 이어진 1차 세계대전은 러시아 민중을 더욱더 궁지로 몰았고, 굶주림과 추위와 전쟁에 지친 러시아 민중이 수도 페트로그라드(현재 이름은 상트페테르부르크)에서 대규모 집회를 열었다. 여기에 노동자와 군인까지 시위대에 합류하면서 니콜라이 2세 황제는 쫓겨나고 제정러시아는 무너졌다. 이후 케렌스키를 내각 수반으로 사회주의자들이 주도하는 임시정부를 수립했다. 당시 스위스 취리히에 망명 중이던 레닌은 서둘러 러시아의 수도 페트로그라드로 돌아왔다.

레닌이 이끄는 볼셰비키는 당시 소수파에 불과했으나 노동자, 농민, 병사 같은 프롤레타리아(무산층) 계층들을 상대로 전쟁 중단이나 토지 분배 같은 문제는 케렌스키 정부가 이루어줄 수 없다고 선동하며 프롤레타리아혁명을 이끌었다. 그런 가운데 볼셰비키가 다수파 세력으로 자리 잡으며 10월혁명을 일으켰고, 10월혁명이 성공하자 모든 권력이 노동자·농민·인민의 대표자로 조직되는 '소비에트(평의회)'에 있다는 소비에트 정부가 출범했다. 레닌은 1918년 러시아 사회민주노동당을 러시아 공산당으로 이름을 바꾸고 소비에트 연방(소련)을 세웠다.

10월혁명 이후 러시아내전이 벌어지자, 스탈린은 적군의 직업군인을 감시하는 정치장교로 활동하면서 트로츠키파와 불화를 빚었다. 트로츠키의 요구에 의해 레닌은 스탈린을 모스크바로 불러들여 트로츠키를 달랬으나 두 사람의 갈등은 계속됐다. 그러다가 당시 막 독립한 폴란드와의 전쟁에서 스탈린이 지휘 감독한 소련군이 패배하여 스탈린은 군대에서 물러나야 했다. 그 뒤 정부로 돌아가 소수민족 출신이라는 점을 강조하여 민족문제위원회 위원장에 취임했다.

1920년 러시아내전은 종료됐다. 약 900만 명이 죽은 내전에서 승리한 볼셰비키의 권력은 확고부동해졌다. 그러나 강행군으로 건강이 악화된 레닌은 병석에 누워서 통치권을 행사할 수 없게 됐다. 1922년 스탈린은 소련 권력의 핵심인 서기장에 선출됐지만 스탈린의 억압적인 정치 성향이 드러나면서 레닌으로부터 상당한 반감을 사게 된다. 그래서 레닌은 1924년 죽기 전 써둔 유언장에 스탈린을 서기장에서 해임하라는 내용을 담기도 했다. 그러나 정치

젊은 지도자였던 스탈린의 모습을 그린 드미트리 날반디안의 작품이다. 키가 작았던 스탈린은 자신의 신체 조건을 있는 그대로 그린 화가를 여럿 총살했는데 날반디안은 아래에서 위로 올려다보는 구도를 통해 키가 커 보이게 함으로써 스탈린을 만족시켰다고 한다.

국 위원들은 영웅주의적 성격을 가진 국방장관 트로츠키가 독재를 할지도 모른다는 우려 때문에 스탈린의 해임에 반대했다. 결국 레닌의 유언장을 스탈린이 주재하는 정치국 회의에서 공개하지 않기로 결정했고, 그로 인해 레닌의 유언장은 30년이나 지나서 흐루쇼프 시대에 와서야 공개될 수 있었다.

1924년 레닌이 죽은 뒤 스탈린은 경쟁자들을 축출하고 최고 권력자로서의 입지를 굳혔다. 여론을 조작하는 재판을 통해 사형을 선고하거나, 노동 수용소에서의 종신형을 선고하는 것은 위협에 그친 것이 아니라 실제로 반대파를 제거하는 방식으로 널리 사용됐다. 특히 경쟁자였던 트로츠키 일파를 축출함과 동시에 자신의 우상화도 추진했다. 집권 직후에는 집단화와 산업화, 중공업을 통한 경제 발전 정책에 대해 반발하는 우파 자본주의 세력에 대한 대대적인 숙청을 감행했다. 이런 과정을 거치며 자신에게 충성을 다하는 인물들로 주변을 채워나갔고, 1930년 이후에는 반대파가 거의 남아 있지 않았다.

1928년 스탈린은 시장경제를 부분적으로 수용한 레닌의 준자본주의적인 신경제정책을 버리고, 국가가 직접 기간산업을 관리하는 국영 산업화 정책을 채택하여 경제개발 5개년 계획을 추진했다. 그리고 기간산업을 국영화함과 동시에 경제정책을 국가 주도로 통제하면서 거대한 규모의 산업화를 이루어냈다.

또한 공업화를 강제로 이루기 위해서 농민들을 도시로 강제 이주시키는 정책도 펼쳤다. '쿨라크'라고 불리던 그들은 러시아 말기와 소련 초기에는 비교적 넓은 토지와 많은 가축을 소유한 부유한 농민들이었다. 하지만 스탈린이 강제로 도시로 이주시키는 정책을 실시하면서 경찰과 군대에 체포되어 도시로 강제 추방되거나 총살당하는 신세가 되고 말았다.

또 도시로 떠나지 않은 이들은 2, 3년 내로 집단농장이나 국영농장에서 집단생활을 하도록 강요당했는데, 일부는 집단 수용소에 수감되어 극심한 악조건 속에서 강제 노동을 했다. 그 결과 집단 수용소에 수용된 이들의 수는 폭발적으로 늘어나 1930년에 와서는 1928년의 20배나 늘어났다.

　이러한 비참한 상황을 비판하는 지식인이나 예술가들도 엄혹한 처벌을 받았다. 그러면서 혁명 직후 전개된 다양한 사회주의적 예술 실험들은 1920년대 말에 접어들어 '사회주의적 리얼리즘'이라고 불린 공산주의를 찬양하는 예술로 타락했다. 학문이나 언론도 체제에 순응하는 모양새로 타락했다. 스탈린은 이런 식으로 소련의 공산주의를 완성했다.

루스벨트, 그리고 1920년대 미국의 자본주의

미국의 1920년대는 어지러운 시대였다. 이 시기 미국에서는 퓨리타니즘, 즉 기독교 근본주의가 정치까지 지배하게 된다. 그래서 1920년 대통령 선거에서 공화당이 승리하면서 금주법이 시행되는데, 이것은 밀주 제조가 범죄조직과 함께 번성하는 결과를 낳고 말았다. 1925년에는 어느 고등학교 교사가 다윈의 진화론에 대해 가르쳤다는 이유로 재판을 받기도 했다. 이것이 그 유명한 '원숭이 재판'이다.

더불어 1920년대의 미국은 사회적인 인식이 훨씬 더 깊어지고 넓어지는 분위기가 팽배해졌다. 이런 분위기 속에 1920년에는 미국에서 처음으로 여성참정권이 인정됐다. 여성참정권의 승인에 혁혁한 공로를 세운 사람은 프랭클린 루스벨트의 아내였던 엘리너 루스벨트였다. 8장 '리더들의 문제적 사생활' 편에서 자세히 다루겠지만,

루스벨트는 1920년 민주당 부통령 후보로 지명되어 출마했으나 공화당에 패배했다.

이 부부는 불륜 사건으로 인해 부부관계가 그다지 좋지 못했다. 그러나 불륜 사건을 계기로 엘리너 루스벨트는 여성 정치인으로서 두각을 나타내기 시작했다. 이런 상황에서 루스벨트는 1920년 대통령 선거에서 민주당 부통령 후보로 나선다. 하지만 공화당이 선거에서 승리함으로써 루스벨트의 도전은 실패로 돌아간다.

　대통령 선거에서 부통령 후보로까지 나섰던 루스벨트를 정치적으로는 약자라고 볼 수 없지만, 그야말로 한창 잘나가다가 소아마비에 걸려 나락으로 떨어지는 처지가 되고 말았으니 인간적으로는 약자라고 볼 수도 있을 듯하다. 바로 다음 해인 1921년 캄포벨로라고 하는 여름 별장에서 뱃놀이를 하다가 찬물에 빠진 뒤 루스벨트는 소아마비 진단을 받는다. 이때 루스벨트의 나이가 39세였다. 영화 〈웜 스프링스〉를 보면 루스벨트의 재활 치료 과정을 정말 감동적으로 그리고 있다. 그 어려운 재활 치료 과정을 거치면서 전신불수가 될 뻔한 위기를 넘기고 휠체어를 타거나 운전을 할 수 있게 되는 장면도 감동스럽지만, 가난한 흑인들이나 함께 재활 치료를 받는 환자 같은 가장 어려운 처지에 놓인 사람들과 교감하는 장면도 정말 감동스럽다.

루스벨트는 명문가 출신으로 호화롭게 성장한 뒤, 대통령이던 시어도어 루스벨트의 후광에 힘입어 뉴욕 주 상원의원도 되고 부통령 후보까지 올랐던 사람이었다. 그러다가 별안간 소아마비에 걸려 인생이 끝나는 위기를 맞게 된다. 그런데 소아마비 재활 치료를 받는 과정에서 여전히 어려운 처지에 놓여 있는 가난하고 불행한 흑인들, 또는 가난한 사람들, 또는 환자들과 교류하면서 자신을 더욱 성장시킬 수 있었다. 새로운 정치인으로, 소통의 정치인으로 재탄생하게 되는 계기가 소아마비 재활 치료였던 셈이다. 루스벨트를 소통의 대통령이라고 하는데, 이런 경험 없이는 불가능했을 것이다.

힘든 시간을 견뎌내고 1928년 뉴욕 주지사로 당선되면서 루스벨트는 정치인으로 다시 부활한다. 그리고 1932년까지 뉴욕 주지사로 일한다. 뉴욕 주지사를 지내는 동안 루스벨트는 뉴욕 주에 수력발전 회사를 만들고, 그 수력발전을 주민들이 공유할 수 있는 일종의 공유 회사 체계로 발전시켰다. 그다음 양로 연금제도를 만들었다. 이것은 미국의 사회보장제도의 시작이라고 할 수 있다.

이어 루스벨트는 농민과 실업자를 구제하는 정책, 또 그런 사람들에게 세금을 감면해주는 정책, 또 그런 사람들의 자녀 교육을 지원해주는 정책도 채택했다. 8시간 노동정책과 노동삼권이라고 하는 단결권, 단체교섭권, 단체행동권을 보장해주는 정책과 같은 혁신적인 개혁 정치를 시행하기도 했다.

이런 공로를 인정받아 루스벨트는 뉴욕 주지사를 두 번 지내는 동안 최고의 주지사라는 칭송을 받기도 했다. 또한 뉴욕 주지사 때 시행한 혁신적이고 진보적인 정책들은 대통령이 되고 난 뒤에 실시하게 되는 뉴딜정책의 예행연습이 되었다.

히틀러, 그리고 1920년대 독일의 파시즘

1차 세계대전 막바지에 이르러 패색이 짙었던 독일군 수뇌부가 무모하게 해군의 출격 명령을 내리자 킬이라고 하는 독일 북부 지방에서 수병들이 폭동을 일으키는 일이 발생한다. 그러면서 1차 세계대전이 끝났고, 그러면서 1918년 독일혁명이 시작됐다.

1919년에 들어서자 독일은 거의 사회주의화가 됐다. 앞서

1917년에 성공한 러시아혁명의 여파가 어떤 나라보다도 독일에 크게 미친 것이다. 패전국으로서 그야말로 국민들이 경제적으로 정치적으로 정신적으로 완전히 도탄에 빠진 시기였기 때문에, 독일 국민들 사이에서 러시아혁명과 같은 극단적인 처방이 독일에도 필요하다는 인식이 일반적으로 자리 잡고 있었다. 그래서 전국에 파업이 벌어졌는데 특히 뮌헨에서 격렬하게 일어났다. 러시아혁명에 대한 동경이 있었던 독일에, 곧 러시아혁명과 같은 독일혁명이 성공을 거둘 찰나였다.

하지만 사회주의까지는 가지 않았다. 그 대신 민주적인 절차로 사회주의와 같은 정책을 시도하려는 사민당(사회민주당)이 국민들의 지지를 받았다. 1919년 8월 11일, 마침내 독일혁명은 종결됐고 제정이 붕괴됐다. 그러면서 의회 민주적인 바이마르공화국이 탄생했다. 바이마르공화국은 1919년부터 1933년까지 독일을 가리키는 비공식적인 지명으로 남게 됐다.

혁명이 발발한 가운데 1918년 말에 독일을 엄습한 스페인 독감의 영향까지 겹쳐 독일의 1919년은 매우 혼란스러웠다. 특히 1차 세계대전이 끝나고 영국과 프랑스, 미국이 승전국의 입장에서 독일을 상대로 체결한 베르사유조약이 독일로서는 너무나도 가혹했다. 당시 베르사유조약이 독일에 얼마나 가혹한 것이었냐 하면, 우선 영토의 약 13퍼센트와 700만 명 정도의 인구가 체코 등으로 편입됐고 식민지도 빼앗겼다. 독일은 프랑스나 영국보다 훨씬 뒤에 아프리카 식민지 정복에 뛰어들어 나미비아를 비롯한 아프리카 몇 나라만 식민지로 확보했는데 그것마저도 다 뺏겨버렸다. 또 참모본부와 군부대도 해체한 데다가 더 이상 징병제도 시행하지 못해 육군은 10만 명, 해군은 1만 5,000명 정도로 축소됐다. 배상금은 1,320억 마르크였는데 이 액수는 독일 국가예산의 몇 배에 해당되는 엄청난 숫자였다.

물론 독일이 그전에 프랑스와 치른 전쟁에서 승리한 뒤 패전국에게 요구했던 배상 조건에 비하면 베르사유조약이 극심하다고 볼 수는 없지만, 당시 독일 상황으로는 도저히 부활할 수 없게 만드는 요구 사항이었다. 프랑스 입장에서는 그동안 독일로부터 많이 당했기 때문에 독일이 부활하여 다시 전쟁을 일으킬 수 없도록 가혹한 배상 책임을 요구했다.

그러자 독일 쪽에서는 불만이 커졌다. 특히 군대의 불만이 극심했다. 군 내부에서는 공산주의자들 때문에 독일이 졌다거나 유대인 때문에 독일이 졌다거나 하는 음모론이 퍼지고 있었다. 이런 상황에서 히틀러는 병사 평의회 레테의 위원이 된다. 러시아혁명에서 소비에트 평의회 정권이 만들어졌듯이 독일에서 공화국이 수립되면서 노동자 평의회, 병사 평의회가 구성되는데 1919년 4월 히틀러가 병사 평의회 대의원으로 뽑힌 것이다. 그리고 대의원으로 귀환병 교육을 하면서 히틀러가 웅변을 시작한다.

당시 독일에는 엄청나게 많은 군소 정당들이 우후죽순 생겨나서 난립했다. 히틀러는 그중에서 독일 노동자당이라고 하는, 당원 수가 50명 정도밖에 안 되는 정당에 가입한다. 독일 노동자당은 1차 세계대전에 참전했던 군인들 중심의 정당이었다. 어느 날 뮌헨 대학의 교수였던 사람이 바이에른은 독일과는 다르기 때문에 독립을 해야 한다고 주장했는데, 히틀러가 일어나 격분하면서 독일이 하나로 통일되어 더 큰 나라로 만들어야 하는데 그런 소국주의를 주장하는 것이 말이 되냐고 반론을 펼쳤다. 대독일주의, 독일 민족주의를 주장하는 히틀러의 모습을 독일 노동자당 당수가 보고는 마음에 들어 하며 입당을 권했다.

독일 노동자당에 입당한 히틀러는 원래의 이름 앞에 '국가사회주의'라는 말을 덧붙여 당 이름을 '국가사회주의 독일 노동자당 Nationalsozialistische Deutsche Arbeiterpartei'이라고 명명했다. 이것을 줄여서 나치, 혹은 나치스라고 부르게 된다. 그리고 히틀러는 국가사회주의 독일 노동자당의 당수가 되어 1920년 2월 맥주집에서 25개 강령을 발표한다. 나치의 25개 강령은 베르사유조약을 거부하고 새로운 독일을 만들기 위한 정책을 제안하는 내용으로 이루어져 있었다. 먼저 베르사유조약에서 말한 독일의 국경을 수정해, 국경 밖에 있어도 독일어로 말하는 독일인이면 전부 다 대독일 국가에 포함시켰다. 그다음 독일인의 피를 갖는 아리아인에 대해서만 독일인으로 인정하고 유대인의 공민권은 박탈했다. 이때 이미 반유대인 정책이 시작된 것이다.

또 히틀러는 국가사회주의 독일 노동자당이라는 자신들의 당명에는 사회주의라는 말도 있고 노동자라는 말도 있으니 노동자들을 위한 정책이 필요하다고 판단했다. 그래서 불로소득을 금지한다든가, 전시 이득을 완전히 몰수한다든가, 독점 재벌 기업을 국유화한다든가, 대기업의 이익배당에 참여한다든가, 양로제를 확충한다든가, 대백화점을 공유한다든가, 소기업을 공유한다든가, 공익 목적으로 토지를 몰수한다든가, 지대를 폐지한다든가, 토지 투기를 폐지한다든가 하는 등의 중산층이나 소시민들에게 호소력 있는 정강을 수상했다. 이사 노예세는 유내인들이 하는 짓이라는 조항을 두고는 이자 노예제를 타파하기도 했다. 그러나 실현된 것은 거의 없었다.

그 밖에도 독일법이 원래 로마법의 전통을 따랐었는데 그것을 폐기하고 게르만법으로 돌아간다든가, 빈곤 아동교육을 국가가 부담하고 모자를 보호한다든가, 소년노동을 금지하고 청소년 체육을 장려한다든가, 국민 보건을 향상하고 국민군을 창설한다는 규정도 두었다. 이어 언론계에서 유대인을 배제하고 독일인으로만 구성하며, 반유대적인 정서를 강화하기 위해 적극적 기독교 정책을 실시하고, 강력한 중앙집권제를 실시해서 독일의 지방분권적인 요소를 불식시킨다는 정책도 주장했다. 이렇게 사람들의 호감을 얻기 위해 만들어진 가식적인 정책들 역시 대부분 실현되지 않았지만, 그중 일부는 나중에 실현된 것도 있었다.

당시 독일은 1919년에 사민당을 중심으로 바이마르헌법을 만들었다. 바이마르헌법은 현대 민주주의 헌법의 모델이라고 할 정도로 잘 만들어진 헌법이었다. 1948년 우리나라에서 헌법을 만들 때도 바이마르헌법을 기초한 바 있다. 우리나라 헌법 1조는 대한민국은 민주공화국이고 대한민국의 주권은 국민에게서 나온다고 규정하는데, 이것은 바이마르헌법 1조에서 비롯된 것이다.

바이마르헌법은 노동자들의 권리, 단결권, 단체행동 같은 것은 물론이거니와 노사가 함께 이사회에 참여하는 제도, 심지어 양심적 병역거부 같은 사상의 자유도 인정한 헌법이었다. 또 사회국가 이념, 복지국가 이념, 소유권에 대한 공공복리 차원에서의 제한도 규정했으며, 사회민주주의 이념에 입각해서 자본주의도 아니고 공산주의도 아닌 제3의 유럽형 사회민주주의 정책의 기본이 되는 내용을 담기도 했다.

이런 바이마르헌법을 히틀러는 거부했다. 민주공화제로 대독일을 다시 일으킬 수가 없으므로 바이마르 민주공화제를 타도해야 된다는 입장이었다. 또 베르사유조약도 폐기한다고 선언했다. 그러자 독일의 불만 세력들, 특히 우익 세력들이 히틀러에게 호감을 보이기 시작했다. 그중에는 자본가들도 있었는데, 그들이 돈을 지원하면서 히틀러는 서서히 권력을 잡아가기 시작했다.

그 와중에 1923년 프랑스와 벨기에 연합군이 독일의 최대 공업지대인 루르 지방을 점령하는 일이 발생한다. 루르 지방은 프랑스와 인접한 곳이었는데, 독일로부터 배상금을 받아내기 위해 연합군이 점령한 것이었다. 루르 지방이 연합군에 점령된 뒤 독일은 그야말로 사상 최대의 인플레이션에 빠졌다. 빵 하나를 사기 위해서 트럭에 돈을 싣고 가야 할 정도였다. 심각한 인플레이션으로 인해 살기가 너무나 힘들어진 독일 국민들은 베르사유조약을 강요하는 프랑스나 영국에 대해 반감을 갖는 동시에, 베르사유조약에 협조한 사민당 정권을 싫어하게 되면서 히틀러가 구세주라는 여론이 형성됐다.

그러자 히틀러는 1923년 뮌헨의 맥주집에서 쿠데타를 일으킨다. 1922년 이탈리아의 무솔리니가 쿠데타를 일으켜 로마로 진군해서 정권을 잡고 파시즘을 전개했는데, 그것을 본 히틀러가 자신도 못할 게 뭐 있냐고 생각하면서 실행에 옮긴 것이다. 하지만 무솔리니와는 달리 히틀러는 쿠데타에 실패해 5년 금고형을 선고 받고 1925년 감옥에 갇히게 된다.

사실 쿠데타는 국가 반란죄이기 때문에 5년형이라고 하는 것은 너무 가벼운 처벌이었다. 원래대로라면 국가 반란죄만을 전문적으로 취급하는 라이프치히 국사범재판소에서 재판을 받아야 했지만, 뮌헨 지방정부가 히틀러를 라이프치히에 보내면 무기징역 같은 중벌을 받게 될 것이라고 생각해서 뮌헨 정부의 법무부 장관이 그냥 뮌헨에서 재판을 받게 했다. 뮌헨의 그 법무부 장관은 나중에 히틀러 정권 하에서 법무부 장관을 한다.

당시 법무부를 지배한 검사나 법원을 지배한 판사들은 전부 비스마르크 시대에 황제 치하에서 교육을 받고 재판을 했던 사람들이기 때문에 1919년 바이마르공화국이 수립되어 사민당이 정권을 잡았어도 과거와 같은 보수적인 국가주의자로 남아 있었다. 히틀러가 쿠데타를 일으키고도 재판에서 5년형을 받는 데 그쳤던 것은 이러한 영향이 컸다.

감옥에서도 그야말로 황제 감옥살이를 했다. 수십 명이 면회를 왔고, 노동을 강제당하는 징역형이 아니라 금고형이었기 때문에 노동은커녕 감옥에서 독서도 하고 책도 썼다. 그렇게 해서 나온 책이 히틀러의 자서전 《나의 투쟁》이다. 히틀러가 직접 쓴 부분도 있었지만 쿠데타를 같이 했던 사람들이 히틀러의 구술을 받아쓰기도 했는데, 그들이 나중에 나치의 참모가 되었다. 하지만 《나의 투쟁》은 대부분 거짓말에다가 황당한 자기 자랑으로 일관하는 책이었다. 그런 책을 쓸 정도로 호화로운 감옥살이를 했다. 그조차도 9개월 만에 석방됐다.

히틀러의 나치당은 처음부터 크게 두각을 나타낸 건 아니었고 대학생 같은 청년층을 중심으로 정치적인 세력을 확대해나갔다. 그러다가 진보 세력이 분열하면서 정치 세력을 강화시켜나갔다. 왜냐하면 소련이 독일에서 공산당 세력이 집권할 수 있도록 독일 공산당에게 사민당 정부에 협력하지 말고 사사건건 반대하라고 지시했기 때문이다. 당시 독일은 여전히 제국의 잔재가 남아 있었

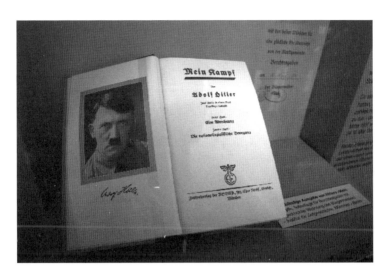

히틀러는 1925년 옥중에서 《나의 투쟁》이라는 자서전을 펴냈다. 이 책은 1945년 금서로 지정되기 이전까지 1,200만 부가 팔렸다.

고 황제 군대도 활동 중인 데다가, 히틀러와 같은 우익 세력이 준동을 하고 있었다. 그래서 진보 세력이 단결을 해도 이런 상황을 수습할까 말까 하는 상황이었는데, 오히려 분열되어 사민당과 공산당이 끊임없이 싸우기만 했다. 이렇게 진보 세력이 분열되다 보니 세력을 키워가고 있던 히틀러에 강력하게 대응할 수가 없었다.

게다가 히틀러는 선전술의 대가였다. 히틀러는 연극을 연구했고, 대부분 유대인인 연극배우들을 불러서 연설을 통해 대중들을 매혹시키는 방법을 배웠다. 그의 연설 현장에는 10만 명 정도가

운집하고 무수한 깃발들이 휘날렸다. 군복과 갈색 셔츠를 입은 SS 특전대 등이 히틀러 연설이 시작되기 전에 5시간 정도 행진을 했다. 이것은 히틀러와 히틀러 밑에서 선전부 장관을 역임한 유명한 선전 전문가 괴벨스의 합작품이었다.

히틀러가 연단에 서면 2, 3분간 침묵이 흐른다. 그리고 천천히 저음으로 엄숙하게 이야기를 시작한다. 그러다가 조금씩 톤이 높아져 처음에는 주로 바이마르 정권을 비난하고, 이어 공산주의자가 독일을 망쳤다고 하면서 30분에서 한 시간 정도 연설을 극적으로 이어갔다. 연설을 들은 국민들은 눈물을 흘렸다. 그 연설을 들으면 독일을 잘 모르는 사람도 빠져버릴 정도였다고 한다.

마침내 히틀러의 나치당은 1930년 국회의원 선거에서 107개의 의석을 차지하며 제2당이 된다. 무서운 속도로 세력을 확장한 것이다. 그러자 언론도 히틀러를 숭상하게 되고 여론도 히틀러의 편이 되었다. 이후 1932년 대통령 선거에서 히틀러는 무소속이었던 파울 폰 힌덴부르크에게 패배했지만 4개월 뒤에 치러진 총선에서는 230석을 확보하면서 최대 정당이 됐다. 최대 정당이 되긴 했지만 의석수가 절대 다수는 아니었기 때문에 나치당만으로는 독립된 정권을 인수할 수가 없었다. 그래서 우익들이 연립 정권을 하자고 요구했지만 히틀러는 거부했다.

1930년 선거나 1931년, 1932년 선거에서 히틀러의 나치당이 계속 선전할 수 있었던 이유는 바로 대공황 때문이었다. 1929년에 미국에서 발생한 대공황은 유럽에도 엄청난 영향을 끼쳤다. 대공황이라고 하는 절체절명의 위기 상황에서 국민들은 사민당으로는 더 이상 안 되겠다고 생각했다. 그래서 결국 히틀러를 구세주처럼 받들게 됐다.

1920년대, 5인의 리더 국민 지지도는?

1920년대 인도에서는 민족 독립운동으로 간디의 비폭력 저항운동만 있었던 건 아니었다. 공산주의 운동도 있어서 공산당도 만들어졌고 폭력 운동도 있었고 암살도 있었다. 여러 가지 복잡한 운동들이 전개되고 있었다. 그 가운데 간디가 민중들의 지지를 받은 독립운동가로서 두각을 나타냈지만 모든 세대에서 남녀노소를 불문하고 전폭적인 지지를 받았던 것은 아니다. 인도의 전통적인 지배계급인 브라만이나 크샤트리아 계층은 자신들의 지위를 위협하는 간디에 호의적이지 않았다. 또한 공산당을 비롯한 좌익 세력들도 간디에 대해 비판적이었다.

이 시기 처칠은 적극적인 제국주의 정책을 펼치면서 영국을 가장 강력한 나라로 만들었다. 그러나 처칠도 당시에는 영국에서 다수 의견은 아니었다. 1차 세계대전이 끝난 뒤 노동조합이 강력한 위치를 갖게 됨에 따라 노동조합에 적대적이었던 처칠과 대립하지 않을 수 없었다. 이 시기에는 영국에서 여성의 참정권 운동도 거세어졌는데, 그로 인해 어쩔 수 없이 처칠과 같은 보수 세력과 대립할 수밖에 없었다. 그럼에도 불구하고 처칠에 반대하는 세력은 소수자의 입장에 머물렀고, 처칠로 상징되는 대영 제국주의는 여전히 국민들의 일반적인 지지를 받았다.

스탈린은 러시아 국민의 전폭적인 지지를 받았다. 강압적 통치와 잔인한 숙청으로 인한 공포의 힘이라는 부정적 요인도 컸지만, 경제개발을 성공적으로 수행하여 국민의 생활수준을 향상시켰다는 긍정적 요인이 더 컸다. 스탈린은 레닌 사후에 레닌의 경제정책을 유지하다가 1928년부터 경제개발 5개년 계획을 실시하면서 소련 경제를 비약적으로 발전시켰다. 트로츠키를 비롯한 반대파들이 스탈린을 거세게 비판하기도 했지만 스탈린은 그들을 잔인하게 숙청함으로써 비판을 잠재웠다. 반대파에 대한 잔인한 숙청은 일반 국민들에게는 알려지지 않았기 때문에 국민적 차원의 저항은 없었다.

루스벨트는 1920년 대선에서 부통령 후보로 지명됐을 정도로 이 시기에 국민들의 지지를 받았다. 대선에서 패배하고 이듬해 소아마비에 걸려 재활 치료를 하는 동안은 국민들의 관심으로부터 멀어졌으나, 재기하여 1928년에 뉴욕 주지사에 당선되자 다시 적극적인 지지를 받았다. 그 지지는 1932년 대통령 당선으로까지 이어졌다.

히틀러의 나치당은 1928년 총선에서는 2.6퍼센트라는 득표율에서 잘 알 수 있듯이 국민의 적극적인 지지를 받지 못했으나, 1929년 대공황이 터진 뒤 1930년 총선에서 18.3퍼센트로 급격하게 상승하면서 사민당에 이어 제2당으로 도약하기에 이르렀다. 1932년 대통령 선거에서는 전쟁영웅 힌덴부르크에 이어 히틀러가 36.8퍼센트의 득표율로 2위를 기록했을 정도로 지지도가 급격히 상승했다.

이러한 정세로 1920년대 리더들의 국민 지지도를 따져봤을 때 인도의 간디와 영국의 처칠을 공동 1위로 볼 만하다. 인도에서는 간디가 등장함으로써 국민적 차원의 독립운동이 이루어졌으므로 국민들의 지지는 나날이 더 높아졌다. 영국 국민들은 여전히 대영제국에 대해 열렬히 지지했기 때문에 제국주의의 상징이었던 처칠에 대해서도 열렬히 지지했다.

그다음은 루스벨트였다. 미국 국민 다수의 지지를 받지는 못했지만 참신한 뉴 리더로서 인정을 받았기 때문이다. 일부 독일 국민들의 영웅으로 각광을 받았던 히틀러를 그다음으로 꼽을 수 있겠다.

최하위로는 스탈린을 꼽을 만하다. 경제발전을 이루면서 국민들의 전폭적인 지지를 얻었지만 그것은 당시 국민들이 스탈린의 음험한 공포정치에 대해 알지 못한 탓이라는 판단에서다. 스탈린에 의해 피의 숙청이 이루어지고 있다는 사실을 국민들이 알았다면 그렇게 전폭적으로 지지하지 않았을 것이라 생각된다.

5인의 리더,
대공황을 극복하다

1929년에 미국에서 터진 대공황은 전 세계에 영향을 미쳤다. 간디가 살았던 인도는 식민
지였지만 종주국이었던 영국, 미국, 독일보다 더 심한 경제적인 압박을 받았다. 경제 대공
황을 맞은 인도는 물가가 극심하게 하락하고 수요가 감퇴하는 등 경제적으로 도탄에 빠
졌다. 물론 영국도, 미국도, 독일도 대공황의 직격탄을 맞아 극심한 위기에 빠졌다. 미국
과 독일의 경우 노동자의 3분의 1이 실업자가 되었고, 영국 역시 노동자의 5분의 1이 일
자리를 잃었다. 대공황 시대에 괜찮았다고 할 수 있는 건 소련밖에 없었다. 소련은 이 시
기에 오히려 눈에 띄는 경제성장률을 보이면서 역시나 공산주의가 옳았다고 선전하기도
했다.
혼란스럽고 고통스러웠던 대공황 시대, 5인의 리더는 어떻게 위기에 대처했을까?

전 세계에 유례없는 위기감을 안겨준 경제 대공황

1920년대 호황기를 누리던 세계경제는 1929년 10월 24일(검은 목요일)과 10월 29일(검은 화요일), 미국 월스트리트의 주가가 3분의 1로 급작스럽게 폭락하면서 위기가 닥친다. 당시 1차 세계대전 승전국이었던 미국은 호황을 누리면서 남아도는 자금으로 산업시설을 늘려 상품을 대량생산했다. 그 상품들이 미국 내에서 다 소비되지 못했는데, 그렇다고 1차 세계대전의 후유증으로 어려움을 겪고 있는 유럽의 다른 나라들에 팔 형편도 안 됐다. 재고가 쌓이면서 기업들이 자금난에 허덕이자 투자자들은 위기감을 느꼈다. 그러면서 주식을 한꺼번에 팔아치웠고, 결국 주가 폭락과 함께 대공황이 시작됐다.

대공황 당시 미국의 GDP는 60퍼센트가 증발했고, 대공황 이후 3년간 미국 시가총액의 88.88퍼센트가 증발했다. 불황의 영향은 곧바로 유럽 경제에 파급되어 수많은 노동자가 일자리를 잃고

1929년 미국에서 시작된 대공황으로 인해 주가가 폭락하고 기업이 줄줄이 도산하고 실업자가
폭증했다. 대공황은 농업 분야에까지 영향을 미쳐 유럽과 남아메리카에서 농산물 가격이 폭락하
면서 농산물과 가축 등이 대량으로 파기되는 사태가 발생했다.

수많은 나라가 극심한 인플레이션을 경험해야 했다. 또 나라마다
금본위제를 포기하고 외국으로부터의 수입을 반대하는 정책을 실
시함에 따라 세계무역도 크게 위축됐다.

그런데 대공황은 자본주의의 대공황이었다. 따라서 공산주의
는 대공황의 피해자가 아니라 그 반대인 수혜자였다. 대공황이 터
지자 스탈린을 비롯한 소련 공산주의자들은 "보아라, 우리가 15년

동안 주장한 공산주의가 옳은 것임이 증명되지 않았느냐."고 외쳤다. 그러면서 자유민주주의의 위신이 떨어지는 중대한 상황이 전개됐다.

대공황의 원인에 대해서는 지금도 논쟁거리가 있지만 개중에서도 정부의 방임주의와 시장 만능주의가 야기한 무절제한 시장 경제로 인해 발생했다는 설이 가장 유력하다. 대공황이 발생하면서 경기가 하락하고, 그로 인해 위기감이 팽배해지면서 경제, 정치, 사회, 문화에 이르기까지 전례 없이 큰 영향을 끼쳤다. 그것이 배타적 민족주의를 부활시키고 정치적 극단주의를 탄생시키면서 결국 2차 세계대전이라는 비극을 낳고야 말았다.

대공황을 맞은 인도, 그리고 간디의 소금투쟁

인도는 대공황을 맞이하면서 경제적으로 심각한 압박을 받았는데, 특히 농촌 상황이 안 좋았다. 농산물 가격이 급격히 하락하면서 경제적으로 어려워지고, 그로 인해 부채가 많이 늘어나 대부분의 농가들이 파산하는 지경이 되고 말았다. 농업 작물을 수출해야 하는 인도로서는 커다란 타격이 아닐 수 없었다.

더 이상 영국을 믿을 수 없게 된 데다가 대공황까지 겹친 인도의 위기 앞에서 마냥 인내할 수 없었던 간디는 영국에 11개 요구사항을 제시했다. 만약 11개 조항을 받아들이지 않으면 앞으로 완전 독립을 요구할 수밖에 없다고 주장했다. 그러나 11개 요구사항에 독립에 대한 언급은 없었다. 주류의 완전 금지, 인도 화폐인 루피의 가치 인상, 토지세 반감 및 토지세 결정권을 의회에 부여, 소금세 폐지, 군사비 지출 반감, 조세 수입 중단 및 정부 고관의 임금 삭감, 외국제 섬유제품에 대한 보호관세 설정, 해안가 연안에 인도 선박 보호를 위한 교통 규제법 제정, 정치범 석방, 인도 정치범을 억압하는 정치국 폐지 혹은 정치국을 민중이 통제할 수 있도록 변경, 자위를 위한 총기 사용 허가증의 발행을 민중적 규제에 위양하는 것을 요구하는 내용으로 이루어져 있었다.

특히 이 중 경제적으로 위기에 빠진 인도에서 가장 시급한 일은 군사비를 삭감하는 것이었다. 인도를 지배한 영국총독부는 영국 정부와는 별도로 정부를 구성했고, 인도총독부 산하에 별도의 인도 군대를 가지고 있었다. 인도 군대는 인도인들 중심이었으며 인도 독립군을 척결하는 역할을 했다. 그런데 인도총독부 예산 중에 군사비가 상당 부분을 차지했기 때문에 그걸 반으로 깎으라고 요구한 간디의 요구는 충분히 정당했다. 정부 고관의 임금을 삭감하는 것도 상징성을 가진 요구사항이었다. 당시 총독이 인도인 평균 소득의 500배에 해당하는 월급을 받고 있었다.

하지만 영국 측은 이 요구사항들을 전부 다 거절했다. 그래서 간디는 소금투쟁을 시작했다. 간디의 사티아그라하, 즉 비폭력 저항운동은 남아프리카에 있을 때부터 시작됐지만 인도에 와서, 특히 1930년 소금투쟁을 통해서 더욱 확고하게 굳어졌다.

영국은 19세기 말부터 인도에서 소금 전매제도를 실시했다. 인도인들의 소금 생산을 금지하고 영국산 소금에 세금을 붙여서 판매했는데, 그조차도 해마다 소금 가격을 올렸다. 그래서 인도 사람들이 소금 사 먹기가 점점 힘들어졌다. 그렇다고 바닷가에 가서 소금을 가져왔다가는 중범죄에 해당하는 처벌을 당하기 일쑤였다.

그런데 잘 알다시피 소금은 사람에게 꼭 필요한 것이다. 공기처럼 없으면 생존이 불가능하다. 그래서 소금세라고 하는 것은 정치적인 변혁과 맞물리는 경우가 많았다. 프랑스대혁명의 요인 중에 하나가 소금세였고, 당나라가 멸망한 원인도 소금세 때문이었다.

영국은 자국에서는 19세기에 이미 소금세를 폐지했으면서 인도에서는 지속시켰다. 사실 식민지 정책이라는 것이 다 그렇다. 예를 들어 일본은 이미 20세기 초 무렵에 공장법을 만들어 노동자들을 보호하고 노동조합도 허용했다. 또한 초등학생들에게 무료 의무교육을 실시하기도 했다. 하지만 일제강점기 때 식민지인 조선에서는 노동자 보호는커녕 치안 유지법을 적용해 노동조합을 만드는 것을 철저히 규제했다. 의무교육도 어림없었다. 인도 역시 영국으로부터 그런 차별 정책을 당하고 있었다.

간디가 소금투쟁을 한다고 공개적으로 발표하자 인도의 독립운동가들은 황당해했다. 소금 문제로 저항을 한다고 해서 인도의 독립에 무슨 도움이 되겠냐고 판단한 것이다. 이미 차우리차우라에서 폭동이 일어났을 때 히말라야와 같은 실수라고 하면서 비폭력 저항운동을 완전히 중단시키고 감옥에 갔던 일로 인해 간디에 대한 실망감이 컸던 이들은 간디가 또 쓸데없는 짓을 한다고 생각했다. 간디의 수제자라고 할 수 있는 네루조차도 부정적으로 생각했다.

극렬하게 독립운동을 해도 턱없이 모자란 터에 소금을 한 움큼 집으러 24일 동안 해안가를 행진하려고 하는 간디를 아무도 이해하지 못했지만 간디는 그대로 밀어붙였다. 1930년에 간디는 61세였다. 당시 61세의 인도인은 그야말로 노인 중에 노인이었다. 게다가 소금투쟁이 시작된 3월은 인도가 한여름이어서 기온이 40도에서 50도까지 치솟았다. 그래서 영국에서는 간디가 걷다가 지치면 그만둘 것이라고 생각하고 거기에 대해 별다른 반응을 보이지 않았다.

그러나 이 행진은 인도 독립운동의 결정적인 계기가 된다. 처음에는 70여 명이 하루에 20킬로미터 전후를 걷는 것으로 시작했다. 하루 7, 8시간 동안 16킬로미터를 걷는 날도 있었고 24킬로미터를 걷는 날도 있었다. 24일 행진하는 동안 추종자들이 기하급수적으로 늘어나 인도 전역으로 이 운동이 번져나갔다. 그래서 소금투쟁뿐만이 아니라 영국산 의복 소각운동도 전국적으로 열화와 같이 불붙었다.

소금투쟁은 그야말로 세계적인 뉴스거리였다. 깡마른 간디가 24일 동안 아메다바드에서 던디라고 하는 해안가까지 약 390킬로

1930년 3월 12일, 간디는 영국의 과도한 소금제 폐지를 요구하며 직접 소금을 얻기 위해 390킬로미터를 걸어 단디까지 행진했다. 소금투쟁은 간디의 사티아그라하를 대표하는 사례로 손꼽힌다.

미터를 행진하는 것을 사람들이 지켜봤다. 전 세계 언론인들이 소금투쟁을 미국 독립운동 때 벌어졌던 차 사건과 비교할 정도로 대서특필하기도 했다.

간디는 소금투쟁을 벌이기 전 총독에게 당신들이 금지시킨 소금을 훔치러 가니까 투옥하라는 내용이 담긴 편지를 썼다. 그리고 결국 구속됐다. 소금투쟁에 참여한 10만여 명의 인도인들도 구속됐다. 하지만 소금투쟁의 영향력은 대단히 커서 1931년 영국 정부는 런던에서 원탁회의를 개최하기에 이른다.

간디는 이 회의에 참석한 뒤 스위스로 가서 로맹 롤랑을 만난다. 반전 평화주의자이자 노벨 문학상을 수상한 이력도 있는 롤랑은 1923년 간디의 전기를 써서 간디를 세계적으로 유명하게 만든 인물이었다. 이어 간디는 이탈리아로 가서 무솔리니를 만난다. 원래는 교황을 만나고 싶어 했으나 교황이 만나주지 않자 무솔리니를 만났다. 이탈리아에서 전체주의 정치를 한 파시즘 독재자 무솔리니를 만났다는 점에서 당시 간디가 국제정치에 대한 인식이 낮았다는 비판을 받기도 했다.

이러한 노력에도 불구하고 소금투쟁은 인도의 독립으로 이어지지 않았다. 또한 간디의 소금투쟁이 인도의 대공황 극복에 어느 정도의 영향력을 미쳤다고도 볼 수 없다. 이미 그전부터 추구한 간디의 물레운동이나 국산품 애용운동도 인도 국민들의 독립에 대한 의지를 높이기는 했지만 경제적으로 의미 있는 효과를 낳지는 못했다. 간디가 경제에 대해서는 특별한 관심이 없었던 점도 영향을 미쳤을 것이다. 그러자 간디는 침체기가 들어가 서양 문명을 비판하는 책을 쓰는 활동을 하면서 지내기 시작했다.

대공황을 맞은 영국, 그리고 처칠의 역할

대공황이 시작됐을 때 미국이나 독일과 마찬가지로 영국의 경제도 급속히 하향세로 돌아섰다. 생산량이 급격히 감소했고, 노동자의 5분의 1이 일자리를 잃었다. 미국과 독일의 경우 노동자의 3분의 1이 실업자가 됐으므로 그것보다는 상대적으로 고용 상태가 좋았지만, 과거 제국주의 전성기 때 누렸던 경제적 부를 상실한 국민들은 경제적 공황뿐만 아니라 실업으로 인한 정신적 공황으로 허덕이기까지 했다.

유럽의 다른 대도시들과 마찬가지로 영국의 런던이나 글래스고 같은 대도시에도 무료 급식소를 찾는 사람들로 넘쳐났다. 유서 깊은 기업들이 줄줄이 파산하자 금융가들도 파산을 두려워하는 상황에 처하면서 피지배계급뿐만 아니라 지배계급에도 위기감이 고조됐다.

그러자 영국에서도 거국내각이 구성되어 대공황에 대처하는 정책들을 펼쳐나갔다. 노동당, 보수당 할 것 없이 모두가 대공황을 이겨내기 위한 경제정책에 힘썼다. 그러나 영국에서는 미국의 루스벨트나 독일의 히틀러처럼 강력한 국가 개입에 의한 대공황 극복 정책은 실시되지 않았다.

그 대신 여러 가지 사회정책을 실시한다. 영국은 이미 19세기부터, 그러니까 미국이나 독일보다도 좀 더 빨리 상당한 수준의 노동법이나 사회보장법 같은 사회정책을 실시해왔다. 그래서 대공황 때에도 적극적으로 국가가 개입하기보다는 소극적인 정책을 통해서 대공황을 극복하려고 했다.

하지만 그것이 쉽진 않았다. 19세기 초부터 자유주의 경제정책을 실시해왔기 때문에 하루아침에 그 전통을 바꿀 수는 없었다. 그러나 국제 무역량이 1928년의 3분의 1로 떨어지자 결국 영국 정부에서는 다른 나라와의 경쟁에서 살아남기 위해 관세와 수입 쿼터제를 도입해 세금을 부과하고 수입을 억제했다.

이렇게 영국이 대공황의 위기에 직면했을 때 처칠은 그냥 책만 쓰며 시간을 보내고 있었다. 하원의원으로 의정활동을 하긴 했지만 정부의 정책에서는 상당히 소외된 상태였다. 차트웰이라고 하는 100만 평이 넘는 영지에 있는 집에서 2차 세계대전이 터지기 전까지 책만 썼다. 한마디로 영국 대공황 때 처칠은 재야에 묻혀 있었기 때문에 대공황을 해결하는 과정에서 거의 아무런 역할을 하지 못했다.

더 이상 정치 일선에서 활동하지 않는 재야 정치인으로 살았지만 여러 가지 비판적인 의견은 꾸준히 제기했다. 특히 1930년대 후반에 들어서면서 간디에 대해 벌거벗은 중이라는 표현까지 하며 상당히 비판적으로 나왔다. 간디와 같은 민족해방 독립운동가들만 비판한 것이 아니라 러시아의 사회주의자들과 독일에 바이마르 정권을 수립한 진보주의자들, 프랑스에 들어선 인민전선이라고 하는 진보적인 정권까지 모두 다 비판했다.

당시 영국에서도 노동당 정권이 들어서고 사회주의적인 색채를 갖는 진보적 정치세력이 등장했는데, 처칠은 이들 역시 강력하게 비판했다. 그래서 노동자들이나 노동당과 적대적인 관계에 놓이게 된다. 또 백인 우월주의를 표방하면서 식민지 정책을 비판했기 때문에, 골수 제국주의자라는 비난을 받으며 아시아나 아프리카의 정치 지도자들로부터 경원당했다. 영국 내에서도 진보적인 입장에 있는 사람들로부터 배척당하는 입장에 처했다. 1930년대는 더 이상 영국이 제국주의를 유지할 힘이 없는 상태였는데, 19세기 빅토리아 시대의 제국주의 향수에 빠져 여전히 골수 제국주의자의 면모를 보이는 처칠에게 시대착오적이라는 비판을 하는 이들도 많았다.

그래도 처칠은 죽을 때까지 제국주의에 대한 사명감에 대해 끊임없이 주장했다. 특히 인도의 독립을 강력하게 반대했다. 영국은 인도를 지켜줄 의무, 즉 문명화의 사명이 있다고 하면서 인도에서 영국이 떠난다면 인도는 완전한 혼란에 빠져 세상을 뒤흔들 파국이 올 것이라는 경고까지 했다. 왜냐하면 영국이 인도를 떠나면 인도 인구의 20퍼센트 이상을 차지하는 불가촉천민이라고 하는 가장 하층 계급의 사람들을 브라만과 같은 상층 계급 사람들이 학살할 것이라고 보았기 때문이다.

심지어 인도 사람들은 거의 식인종에 가까운 야만족이기 때문에 자기들끼리 식인 행태를 벌일 것이라는 망언까지 했다. 인도 문화는 전부 야만이고 힌두교 같은 인도의 종교는 전부 미신이라는 비난도 서슴지 않았다. 그러므로 인도에서 영국이 떠난다는 것은 반문명적인 범죄행위를 저지르는 것이라고 주장했다. 처칠은 인도 민중들을 야만인이라고 비난하면서도 영국을 좋아하고 영국의 말을 잘 따르는 인도의 귀족이나 인도 왕족들은 옹호했다.

당시 영국은 인도를 지배하면서 종교적으로, 인종적으로 여러 가지 분리 정책을 실시했다. 분리 정책은 영국의 식민지 정책의 가장 중심이 되는 것이었다. 그래서 카스트제도를 강화하여 신분적으로 분리하는 정책을 실시하고, 나아가 힌두교와 이슬람교를 종교적으로 분리하는 정책도 실시했다.

그것들보다 더 큰 분리 정책은 인도 땅 3분의 2는 영국이 직접 지배하면서 나머지 3분의 1은 500여 개의 소왕국으로 쪼개 지배한 것이었다. 무굴제국 때부터 있었던 인도의 지방 소왕국을 인도 전역 중간중간에 두어 인도가 절대로 단결하지 못하도록 하기 위함이었다. 이를 위해 영국은 소왕국의 국방력이나 외교력은 완전히 빼앗은 상태에서 경제적으로는 배타적인 지위를 유지할 수 있도록 방임함으로써 인도 귀족들이나 전통 왕족들의 지위를 보장해주었다. 이러한 정책들에 처칠의 의견이 많이 반영됐으므로 인도의 분리 정책에 처칠이 결정적인 영향을 끼쳤다고 볼 수 있다.

1930년대 후반에 들어서면서 처칠은 히틀러까지 비판하기 시작한다. 그전까지만 해도 처칠은 반공주의자였던 히틀러에 호의적인 태도를 보였다. 소련이 세력을 확대하는 것을 막는 역할을 히틀러가 할 것이라고 기대한 바가 있었다. 또한 그때만 하더라도 영국 역시 1차 세계대전의 상처가 너무 컸기 때문에 좀 손해를 보더라도 히틀러를 달래서 평화를 유지하고자 하는 판단이 있었다. 예를 들어 히틀러가 독일어를 사용하는 체코 지방을 침략했을 때도 체코 본토를 침략하지 않는다면 독일어권을 침략하는 정도는 눈감아주는 식으로 양보했다. 조금 달래면 전쟁을 일으키지 않겠지 싶었던 것이다.

영국 정부는 히틀러가 1939년 2차 세계대전을 일으키기 전까지만 하더라도 계속 유화정책을 취했다. 하지만 처칠은 그보다는 빠른 1937년 무렵부터 히틀러를 막기 위해서 영국이 군대를 강화하고 군비를 확장해야 한다는 정책 조언을 했다. 하지만 영국 정부는 처칠의 조언을 듣지 않았다. 영국뿐만 아니라 미국이나 프랑스에서도 히틀러에 대해 그다지 경계하지 않았다. 설마 독일이 다시 세계대전을 일으킬 것이라고는 예상치 않았다. 히틀러에 대해 끊임없이 경고를 했던 사람은 처칠뿐이었다. 그래서 2차 세계대전이 터졌을 때 처칠은 바로 해군장관에 임명됐고 다음 해 영국의 수상이 되어 전쟁을 이끌게 되었다.

대공황을 맞은 소련, 그리고 스탈린의 경제개발 5개년 계획

대공황 직전인 1928년에 스탈린이 봉착한 어려움은 두 가지였다. 하나는 일부 농민이 부유해질수록 국가에 요구하는 것이 많아진다는 것이었고, 또 하나는 영국이 소련과의 외교를 단절하고 무역 금지 조치를 취한 것이었다. 이에 대해 스탈린은 농민들에게서 양

곡을 강제로 징발하여 지탱하는 강제 공업화 정책을 실시하기로 했다. 이는 관료는 물론 당시에 등장한 공장 기업인들이 바라는 것이었다. 나아가 무기를 서방 열강들과 같은 규모로 생산함으로써 외부의 침략을 막을 수 있는 대책이기도 했다.

1928년 스탈린은 제1차 경제개발 5개년 계획을 실시한다. 제1차 경제개발 5개년 계획은 중공업, 특히 철강·농업기계의 생산과 농업 집단화에 중점을 두었다. 그리하여 공업에서는 돈바스의 기계공업, 시베리아 철도, 드네프르 수력발전소의 건설이 중요한 성과였고 농업에서는 농업기계를 사용하는 광대한 콜호스(집단농장)와 소프호스(당 소유 농장)의 조직으로 부농을 없앤 점이 중요한 성과였다.

그러나 문제점도 적지 않았다. 강제 공업화와 함께 이루어진 농업의 집산화는 잉여 곡물을 양산하여 도시를 부양하고 농산물을 외국으로 수출하면서 무기 구입을 가능하게 했다. 하지만 집산화로 인해 농민들이 곤경에 처하고 농업 총생산이 감소하는 결과를 낳았다. 특히 쿨라크라고 불린 소농과 중농이 강제로 이주당하고 곡물 징발로 인해 수천만 명이 기아에 허덕여야 했다. 이에 대해 당연히 저항이 생겨났지만 스탈린은 무자비하게 그것을 탄압했다.

스탈린의 경제개발 5개년 계획으로 인해 농업 중심의 후진국이었던 소련은 빠른 속도로 근대화, 산업화, 도시화가 진행됐다.

급격한 산업화와 함께 국내 생산품의 사용을 유도하면서 수입품을 억제하는 한편, 수출산업을 육성하여 경제력을 강화해나갔다. 뿐만 아니라 문맹 퇴치 운동 같은 교육 분야의 정책도 가시적인 성과를 거두어서 90퍼센트가 넘었던 문맹률이 1퍼센트까지 감소했고 많은 지식층이 양성됐다.

특히 교육의 평등을 지향하며 소외 계층 교육을 위해 여러 정책을 실시했다. 1920년대 초반에는 '민족 토착화 정책'을 통해 학교 설립 사업이 이루어지면서 교육 기회가 확대됐다. 경제 발전의 성과로 인해 보편적 무상교육이 시도되면서 농촌 등의 소외 지역과 소수민족들의 문맹률이 거의 사라져 지역 간 교육 수준의 평균화가 이루어졌다. 제1차 경제개발 5개년 계획 후반기에는 '의무 초등교육'에 관한 법령이 채택되면서 1930년대에 대도시와 산업 지구에서 우선적으로 7년제 의무교육이 시작됐다.

이런 정책들로 인해 노동자나 서민 출신의 새로운 지식층을 낳는 결실을 맺었다. 제1차 경제개발 기간 동안 스탈린의 권력 장악을 위해 구 지식인들에 대한 탄압은 강화됐지만 오히려 노동자나 서민들은 자신들에게 교육 기회를 제공한 체제에 충성심을 느꼈다. 그래서 당시 스탈린의 정책 속에서 희생을 당하고 피해를 입은 이들을 공산주의 사회 건설을 위한 불가피한 조건으로 여겼다.

스탈린은 예술 정책에 있어서도 독재자의 면모를 고스란히 보여주었다. 자신에 대해 반감을 표현하거나 자신의 정책에 반대하는 예술가들은 전부 거부했기 때문에 거의 모든 현대예술이 거부됐다. 대신 소련 사회건설에 적극 참여하는 새로운 인간형을 창조하는 획일적인 예술이 지배적인 풍조가 된다. 그리하여 1932년에 공식적으로 제기되어 1934년 제1차 소비에트 작가회의에서 확립된 '사회주의 리얼리즘'에 입각한 예술이 이 시기 소련의 예술 풍조로 자리 잡았다. 사회주의 리얼리즘은 예술은 현실의 반영이므로 사실적이어야 하고, 예술가들은 노동 인민들과 함께 사회주의 건설을 도와야 한다는 뜻이 담겨 있다.

그 결과 1930년대 소련 예술에서는 1920년대 나타났던 예술의 다양성이 사라지고 공산당의 지시와 통제, 관리에 의해서 모든 것이 계획되고 창조되는 획일적인 작품들이 만연했다. 다시 말해 예술의 관료주의화가 급속도로 진행됐다.

아무튼 스탈린이 실시한 강제 산업화와 노동 생산으로 인해 1929년 전 세계가 대공황의 충격에 휩싸였을 때 소련은 오히려 놀라울 정도의 경제성장률을 기록했다. 1928년에서 1940년까지 강철의 생산고는 5배, 전력은 8배, 시멘트는 2배, 석탄은 4배, 석유는 3배가 늘었다. 또한 철도를 포함한 수송 수단은 4배로 늘어났다. 이러한 결실은 제정러시아 사회에서 가난과 억압으로 고통받던 러시아 국민들에게 커다란 희망을 선사했다. 산업화를 이루어 부강한 나라가 될 수 있다는 믿음이 생긴 것이다. 경제성장 면에서만 본다면 낙후된 봉건국가였던 러시아를 미국과 어깨를 나란히 하는 산업국가로 만든 스탈린을 최고의 리더로 꼽을 수도 있겠다. 그 정도로 이 시기 소련의 경제성장은 눈부셨다.

그 결과 소련은 2차 세계대전 직전인 1938년 미국 다음가는 세계 경제대국으로 올라서게 된다. 그래서 대공황을 겪으며 자본주의에 대해 비판적인 생각을 하게 된 많은 서구 지식인들이 소련의 길이 우리의 살 길이라는 식으로 생각하여 공산주의자가 된다. 대공황 기간에 약 10만 명의 미국인들이 소련 이민 신청을 할 정도였다. 또 1920년대에서 1930년대까지 10만 명이 넘는 사람이 소련을 방문했다. 그중에는 소련에 비판적인 사람들도 있었지만 대부분은 소련에 매혹됐다. 영국의 페이비언주의자인 시드니 웨브와 비어트리스 웨브 부부가 그 대표적인 사람들이었다.

경제대국으로 미국과 2강 체제를 구축했지만 히틀러의 팽창에 위협을 느낀 스탈린은 서방국가들과 반 히틀러 동맹을 결성하려고 시도했으나 거절당했다. 그래서 결국 1939년 8월 히틀러와 동맹조약을 체결했다. 그렇게 스탈린은 2차 세계대전을 향해 나아가고 있었다.

대공황을 맞은 미국, 그리고 루스벨트의 뉴딜정책

앞에서 언급했듯이 대공황은 미국으로부터 시작됐다. 대공황이 터지자 당시 미국 정부는 기업이나 서민들을 구제하는 대신 '주식을 청산하고, 기업을 청산하고, 노동자를 청산하고, 농민을 청산하라'

는 식으로 구조 조정과 균형 재정을 우선시하는 정책을 펼쳤다. 그러나 그것은 공황을 더욱 심화시킬 뿐이었다. 그제야 정부는 경기 부양에 나섰지만 이미 때가 늦어 수습이 불가능한 상태였다.

대공황이 미국을 뒤흔들던 1933년, 루스벨트는 미국의 32대 대통령으로 취임했다. 대통령 후보로 나섰던 1932년 루스벨트는 가장 약한 후보라는 평가를 받을 정도로 인기가 없었다. 여러 가지 시대상황으로 인해 강력한 리더가 요구되던 시절이었기 때문에 소아마비를 앓아 반신불수가 되어 휠체어를 타고 다녀야만 했던 루스벨트는 대통령으로서 정신적으로도 육체적으로도 약하다는 인식이 있었다. 미국 역사상 대통령이 그런 신체적인 약점을 가진 경우는 없었다.

소아마비 대통령과 관련해서 아주 유명한 일화가 있다. 미국을 대표하는 국민배우 중 한 사람인 그레고리 펙의 전기를 보면 자신이 어릴 때 루스벨트 대통령을 영웅처럼 생각하며 무척 좋아했는데 대통령이 휠체어에 앉아 있는 걸 보고 몇 시간을 두고 펑펑 울었다는 얘기가 나온다.

이런 신체적인 약점을 안고 있었던 데다가 설상가상으로 루스벨트가 공약으로 내건 뉴딜정책도 그 비전이 잘 전달되지 않았다. 그때까지만 해도 미국 국민들은 국가는 오로지 국민의 안전을 보장해주는 최소한의 정부, 약한 정부로 가는 것이 옳다고 생각하여 국가가 나서서 적극적인 행정을 하는 것을 원하지 않았다. 아무튼 루스벨트는 뉴딜정책을 포함해서 금주법 폐지, 공공사업 확대, 농민 구제 등을 공약으로 내걸어 대통령에 당선됐다.

그런데 대통령에 당선되고 나서 인기가 급상승했다. 앞선 대통령은 1년에 편지를 1만 통 정도 받아서 편지 담당 비서를 한 명 두었는데, 루스벨트의 경우는 편지가 매년 50만 통 이상 쏟아져 들어와서 그것에 일일이 대답하기 위해 편지 담당 비서를 50명으로 늘려야 할 정도였다.

대통령이 된 루스벨트는 대공황 문제를 해결해야 하는 숙제를 안고 있었다. 대공황이 터졌을 때 제일 큰 문제 중 하나가 은행들과 사업체들이 파산을 한 것이었다. 대공황이 터지면서 사람들이 은행에 돈을 맡기는 것에 대해 위기감을 느끼는 바람에 전부 다 돈을 찾아 자기 집 침대 밑에 감춰뒀다. 그래서 상당수의 은행이 파산했고, 은행이 안 돌아가니까 경제가 안 돌아가면서 문을 닫는 사업체가 늘어났다.

그러자 루스벨트는 라디오를 이용해 돈 숨기지 마시고 은행에 가세요, 저도 은행에 예금했습니다, 은행 괜찮습니다, 믿어도 괜찮습니다, 은행에 돈을 맡기셔야지 돈이 필요한 분이 또 그걸 빌려가서 우리 경제가 돌아갑니다, 이런 식의 소박한 이야기를 전달했다. 라디오를 통해 말하니까 대통령이 앉아서 말하는지 서서 말하는지 알 수가 없었고, 자연스럽게 미국 국민들의 기억 속에서 대통령이 소아마비를 앓았던 사람이라는 사실이 잊혀져갔다. 당시 언론도 일종의 신사협정처럼 대통령의 소아마비 문제에 대해서는 언급하지 않기로 했다.

그러면서 루스벨트는 뉴딜정책에 박차를 가한다. 윌슨 대통령이 1912년 대통령에 당선되고 나서 실시했던 정책이 '뉴내셔널리즘'이었고 '뉴프리덤'이었다. 또한 루스벨트와 먼 친척 관계에 있던 시어도어 루스벨트 대통령은 노동자와 사용자의 공정한 거래를 중시했던 '스퀘어 딜'이라는 정책을 실시했다. 뉴내셔널리즘, 뉴프리덤에서 '뉴'를 따고 스퀘어 딜의 '딜'을 합쳐서 '뉴딜'이라는 이름이 탄생했고, 그것이 뉴딜정책의 출발이 되었다.

뉴딜정책은 1, 2차로 나누어진다. 1차는 대통령이 취임하자마자 100일 동안에 아주 급격하고 신속하게 이루어졌다. 그래서 1차 뉴딜정책을 백일정책, 백일의회라고도 한다. 또한 1차 뉴딜정책은 Relief(구제), Recovery(부흥), Reform(개혁)의 앞 글자를 따서 3R 정책이라고도 한다.

제일 먼저 실시한 정책은 '비상은행구제법'으로 재기 가능한 은행에 정부가 적극적으로 대부를 해주어 은행을 살리는 것이었다. 그리고 연방증권법을 만들어 미국 역사상 최초로 증권을 규제했다. 대공황이 월스트리트 증권가에서 비롯됐기 때문이다.

그다음에 최초의 뉴딜사업이라고 본격적으로 말할 수 있는 자원보존봉사단의 활동이 시작됐다. 18세에서 25세 사이의 청소년 160만 명을 대상으로 해서 식목이나 청소 같은 공공근로를 하며 자원을 보존하는 일이었다. 당시에는 생태 문제가 지금만큼 심각하지 않았음에도 루스벨트는 그런 면에서 선견지명을 가지고 있었던 모양이다.

농업 생산을 규제하는 정책도 실시했다. 당시 미국 사회에는 농민이 많았다. 특히 중서부 지방에 농민들이 많았다. 그들 중에는 우리로서는 상상할 수 없을 정도인 수백만 평의 땅을 가진 지주들이 많이 있었다. 그 넓은 땅에서 농산물이 과잉생산되면 가격이 폭락하여 결국 농민들이 손해를 보게 되니, 농산물 가격을 균형 있게 유지시키기 위해서 농민들에게 자금을 지원하고 농산물 생산량을 줄이는 정책을 실시했다.

연방긴급구제국이라고 하는 것을 만들어서 실업자나 극빈층에게 구제 기금을 지급하기도 했다. 또 빈농과 이주민, 학생들에게 의식주를 제공하기도 했다. 미국 정부에서 사회 취약층에 대해 직접적인 구호에 나선 것은 이때가 처음이었다. 그래서 이것이 미국식 복지 제도의 시작이라고 할 수 있다.

앞서 이야기한 것들도 모두 중요하지만 1차 뉴딜정책의 핵심을 이루는 법은 전국산업부흥법National Industrial Recovery Act, NIRA이었다. 생산, 노동, 원가 통제 등 경제 전반을 산업부흥국이라고 하는 새로운 정부 기구에서 통제 관리하는 정책을 실시했다. 이런 정책들이 실시되자 엄청난 반발이 일어났다. 특히 루스벨트는 민주당이었기 때문에 반대편인 공화당 쪽에서 공산주의자라는 말이

곧바로 나왔다. 1917년 러시아혁명이 터지면서 유럽에서 사회주의 바람이 불고 미국 사회 역시 보수와 진보로 완전히 양분된 상황이었다. 그래서 국가 중심으로 대공황을 극복하려는 루스벨트가 공산주의자라는 말까지 듣게 된 것이다. 심지어 루스벨트의 뉴딜정책이 국가 중심으로 대공황 극복 정책을 펴는 히틀러 식과 똑같다는 비판도 나왔다.

어쨌든 국민들은 루스벨트 대통령을 적극 지지했고, 결국 재선에 성공했다. 재선에 성공하면서 루스벨트는 기가 잔뜩 살았다. 그래서 1차 뉴딜정책을 실시할 때는 자본가들의 눈치를 봤지만 2차 뉴딜정책 때는 노동자와 농민을 위한 보다 진보적인 정책을 추진해나갔다. 노동자 보호, 빈민을 포함한 노인 계층과 약자 계층을 위한 사회보장제도, 경제구조의 개혁, 이 세 가지가 2차 뉴딜정책의 핵심이었다. 그러면서 노동법과 사회보장법이 미국에서 최초로 제정됐다.

전국노사관계법도 만들고 실업보험과 최저임금법도 실시했다. 4대 보험제도 중에 뉴딜정책에서 딱 하나 빠진 것이 있는데 그것이 바로 의료보험 제도다. 미국은 지금도 의료보험이 다 사보험이다. 우리나라는 공보험이기 때문에 국민 모두가 혜택을 받지만 미국은 극히 예외를 제외하면 의료보험 혜택을 받지 못한다. 그래서 미국 사람들은 비싼 돈을 들여 사보험을 들어놓지 않으면 병원 문턱을 밟지도 못한다.

그런데 루스벨트가 왜 굳이 의료보험 제도를 안 했던 것일까? 안 한 것이 아니라 못한 것이다. 의사들의 반대 때문이다. 44대 대통령이었던 버락 오바마도 다시 한번 국민 의료보험 제도를 실시하려고 했지만 그때도 엄청난 반대에 부딪쳐 실패로 돌아가고 말았다. 뒤이어 대통령이 된 보수의 상징 도널드 트럼프는 오바마가 시도했던 국민 의료보험 제도부터 비판하기 시작했다. 오바마로 인해 조금 진척된 것조차도 없애버려야 된다고 주장했다.

그런데 바로 그때 코로나19가 전 세계를 강타하면서 미국이 의료 체계에 있어 완전히 야만국, 미개국이 되어버렸다. 국민 의료보험 제도가 없었던 탓에 사망자 수가 기하급수적으로 늘어났기 때문이다. 그럼에도 불구하고 미국의 의사들은 지금도 의료보험에 반대한다. 아무튼 의료보험을 위한 루스벨트의 노력은 연방 대법원으로부터 위헌 판결을 받으면서 물거품으로 돌아갔다.

전국노사관계법은 현재 우리나라 노동법의 모델이다. 그런데 그 앞에 만들어진 전국산업부흥법 역시 연방 대법원에 의해 위헌 판결을 받았다. 이 법안의 중요한 내용은 고용주가 노동자의 단결권, 단체교섭권, 단체행동권을 방해하거나 억압하거나 개입하거나 규제하려고 할 때 그것을 금지시키는 것이다. 그런데 고용주들이 과도한 규제에 대해 심한 불평을 하자 연방 대법원에서 위헌이라는 판결을 내렸다.

그야말로 뉴딜정책 최대의 적은 판사들이었다. 미국은 사법부의 독립을 보장하기 위해서 연방 대법원 판사들을 종신직으로 한다. 임기를 정해놓으면 독립을 저해할 수도 있으니, 죽을 때까지 그 자리를 보장할 테니까 소신껏 판결하라는 이유에서다. 그러나 종신직이라 부정적인 측면도 있었다. 철밥통 중에 철밥통이기 때문에 매우 안일한 태도를 보이곤 했던 것이다. 전국산업부흥법에 대해서도 고용주와 노동자가 근로계약을 체결했으면 열심히 일해야지 노동조합은 왜 만드느냐는 판단에서 위헌 판결을 내렸다. 돈 있는 사람이 어떤 계약을 하든지 그 계약은 자유이고, 계약을 체결한 부분에 대해서는 반드시 지켜야 하기 때문에 노동조합에 대해 계약위반으로 보았다.

그래서 당시 루스벨트 측에서는 대법원을 양로원이라고 불렀다. 이런 이유로 루스벨트는 대법원 판사들을 70세 정년제로 하자는 제안을 하기도 했으나 사법부 독립을 침해한다는 비판이 나왔다. 아무튼 전국산업부흥법 다음에 만들어진 전국노사관계법에 대해서는 1937년 합헌 판결이 내려진다. 이것은 미국 대법원의 큰 변화였다.

1936년에는 지엠GM의 플린트 공장에서 대파업이 일어났는데 루스벨트가 연방군을 파견했다. 이는 파업을 규제하기 위해서가 아니라 오히려 노동자들을 보호하기 위함이었다. 루스벨트는 노동자들도 자신들의 불만을 제기할 권리가 있으며 파업의 권리도 보장돼야 된다고 주장했다. 이런 분위기 속에서 미국 최초의 산업별

노조인 CIO가 생겼다. 그전에는 AFL이라고 하는 직업별 노조가 미국 노동조합의 주류였다. 1955년에 두 개가 합쳐져 AFL-CIO가 되었지만 미국 노동조합은 유럽처럼 정당으로 발전되지는 못했다.

뉴딜정책의 성과 중에는 취로사업청Works Progress Administration, WPA이라고 하는 기구를 만들어 공공사업을 실시한 것도 빼놓을 수가 없다. 이 정책을 통해 100만 킬로미터의 도로와 7만 8,000개의 다리와 2만 5,000동의 건물과 1만 2,000킬로미터의 활주로를 건설하면서 엄청난 사람들을 고용했다.

루스벨트는 취로사업청에 책정된 예산의 7퍼센트를 예술 분야에 쏟아부었다. 그 예산으로 수많은 극장과 오페라하우스를 세워 1억 5,000만 명 이상의 관객이 거의 무료로 예술을 감상할 수 있도록 했다. 덕분에 루스벨트 집권 기간 동안 22만 5,000건의 콘서트가 열렸고 45만 5,000점의 미술품이 제작됐다. 그 결과 예술 분야가 장족의 발전을 이루었다.

그전까지만 해도 유럽의 오케스트라와 유럽의 음악인들이 미국 무대를 거의 석권하다시피 했는데, 이때 이후로 미국의 오케스트라가 세계적으로 두각을 나타내기 시작했다. 가장 비싸게 팔린다고 해서 최고의 미술품이라고 할 수 없지만, 아무튼 가장 비싸게 팔리는 그림을 그린 마크 로스코, 20세기 회화를 대표하는 추상표현주의 화가 잭슨 폴록도 뉴딜정책의 예술 지원 프로그램을 통해 성장한 청년 화가였다. 문학 분야에서도 리차드 라이트라든가, 노

루스벨트는 대공황을 극복하기 위해 뉴딜정책을 시행했는데, 대표적인 것 중에 하나가 '테네시 강 개발 계획(Tennessee Valley Authority, TVA)'이었다. 그래서 보통 뉴딜정책 하면 댐 개발을 떠올리지만 그것은 뉴딜정책의 일부에 불과하고 노동 분야나 복지 분야, 예술 분야에 이르기까지 사회를 전반적으로 개혁하는 것이 뉴딜정책의 목표였다.

벨 문학상을 받은 존 스타인벡 같은 작가들이 뉴딜정책의 예술 지원 프로그램의 혜택을 받으며 작품활동을 했다. 미국 영화배우들도 세계적인 배우로 발돋움했다. 예술인들이 기초생활을 충분히 보장받으면서 생계 걱정을 하지 않고 예술 활동을 할 수 있도록 도움을 준 정책 덕분이었다.

여기에서 한 가지 짚고 넘어갈 것이 있다. 우리는 보통 뉴딜정책이라 하면 후버댐 건설, 또는 테네시 강 개발 계획Tennessee Valley

Authority, TVA을 떠올린다. 그래서 자연스럽게 뉴딜정책은 댐 개발이었다는 생각을 하게 된다. 하지만 댐 개발은 뉴딜정책 중 일부에 불과했고, 생태적인 문제 때문에 현재 가장 많은 비판을 받는 부분이기도 하다. 1990년대 이후에는 뉴딜정책의 상징이었던 테네시강의 댐을 부수는 것이 옳지 않느냐 하는 비판이 미국에서 제기될 정도다.

이처럼 뉴딜정책은 댐 건설에 국한된 것이 아니라 노동 분야나 복지 분야, 예술 분야에 이르기까지 사회의 전반적인 개혁을 가져온 획기적인 정책이었다. 하지만 그 성과가 금방 나타난 것이 아니어서 여러 가지 문제점이 발생하기도 했고 여러 가지 비판을 받기도 했다.

그런 문제점과 비판으로부터 루스벨트를 구제해준 것이 놀랍게도 히틀러였다. 히틀러가 2차 세계대전을 일으킴으로써 실업문제나 경제문제가 해결된 것이다. 사실 미국의 대공황을 해결해준 건 뉴딜정책보다는 히틀러의 역할이 더 컸다.

대공황을 맞은 독일, 그리고 히틀러가 일으킨 경제 기적

패전국이었던 독일은 대공황으로 인해 미국이나 영국, 프랑스보다도 훨씬 더 심각한 경제적인 타격을 입었다. 당시 실업자 수가 600만 명이 넘었고 도산하는 기업도 엄청나게 많았다. 바이마르공화국을 만들었던 사민당 정권이나 자유주의 정당, 또는 사회민주주의 개혁 정당들은 대공황에 대해서 전혀 힘을 쓰지 못했다. 결국 독일 국민들은 나치당을 선택했고 1933년 1월 히틀러는 독일의 총리가 된다.

히틀러는 집권하자마자 비상법을 만들고 보수파와 군부의 협력을 얻어 감금, 납치, 암살, 고문 등의 여러 가지 수법을 써서 바이마르공화국의 민주파, 그리고 자신에 대해 비판하는 반대파를 억압한다. 물론 집권하기 전부터 나치 친위대 SS 등을 통해 정치적인 악행을 거듭했지만 총리가 된 뒤 더욱더 노골적으로 자행했다. 특히 바이마르공화국의 무능력을 비난하고, 바이마르헌법을 '빨갱이 헌법'이라고 비판했다.

그 결과 1933년 7월, 그러니까 총리가 된 지 6개월 만에 일당 독재체제를 확립하고는 막강한 권력을 행사하기 시작한다. 같은 해 베를린 한복판에서는 독일판 분서갱유 사건이 벌어졌다. 2,000년 전 중국에서 진시황제가 학자들의 정치적 비판을 막기 위해 저지른 분서갱유가 20세기에 독일에서 벌어진 것이다. 이 과정에서 지금 우리가 아는 독일 웬만한 소설들, 독일 사상서들, 철학서들이 대부분 불태워졌다. 1차 세계대전을 비판한 에리히 레마르크의 베스트셀러 《서부 전선 이상 없다》도 불태워졌고, 토마스 만이라든지 하인리히 만, 헤르만 헤세 같은 유명한 독일 소설가들의 작품도 불태워졌다. 독일판 분서갱유 사건은 독일 영화 〈책도둑〉에 아주 잘 묘사되어 있다.

다음 해인 1934년 8월 대통령이었던 힌덴부르크가 죽자 히틀러는 총리로서 대통령을 겸하게 된다. 바이마르공화국은 이원 집정부제, 즉 대통령은 외교를 담당하는 상징적인 존재로 두고 실질적인 정치력의 행사는 총리가 담당하는 정치제도를 실시하고 있었는데 이 두 가지 권한을 히틀러가 모두 손에 넣은 것이다.

총통Führer(퓌러)이라고 하는 막강한 권력자가 된 히틀러는 비상대권에 의해 바이마르 정부를 유지시켰던 사민당과 지방의회를 해산하고, 공산당은 물론 거의 모든 정당과 노동조합 등을 불법 단체라고 규정해 해산했다. 국방군도 나치당에 융합시켜 독일 군대를 나치당의 군대처럼 활용했다.

1935년에는 뉘른베르크법이 만들어졌다. 그리하여 유대인의 독일 국적을 박탈하면서 유대인을 '국가의 종속물'로 명명했다. 또 독일인과 유대인의 결혼과 성관계를 금지했으며, 유대인들이 투표권도 가질 수 없게 하고 의료업에도 종사할 수 없게 하는 등 유대인의 권리를 박탈했다. 이것은 유대인 차별, 유대인 절멸의 시작을 예고하는 법이었다.

이처럼 히틀러는 독재 체제를 강화하기 위해 여러 가지 만행을 저질렀지만, 그럼에도 불구하고 집권하자마자 실업 구제와 경제 발전, 특히 인플레를 해소하는 경제 기적을 이루어냈다. 취임하자마자 4년 만에 실업 문제를 해결하겠다고 약속한 히틀러는 진짜 4년 만에 그 약속을 지켰다. 1933년에 무려 480만 명이 넘던 실업자 수가 그 다음 해에 270만 명으로 반 정도 줄어들었고, 1936년에는 159만 명, 1937년에는 91만 명에 머물렀다.

실업문제를 줄이기 위해 미국처럼 실업감소법을 만들고 직접적 고용 창출이나 공공사업 등을 실시했으며, 간접적 고용 창출 방법인 각종 세금 감면도 실시했다. 노동자의 개념도 바꿨다. 히틀러가 독일 노동자당으로 출발한 만큼 노동자라는 개념을 중시했는데, 그때부터 노동이라는 개념을 국민의 권리가 아니라 의무로 바꿨다. 그러면서 노동자 중심의 노동조합을 파괴하고 자본가와 노동자가 함께 활동하는 노동전선이라는 노사 통합단체를 만들었다. 또한 '즐거움을 통한 강함'이라는 목표 아래 노동자에게 기쁨의 힘을 주는 '환희력행단'이라는 조직으로 바꾸어 음악, 연극, 스포츠를 장려했을 뿐만 아니라 남유럽, 이탈리아, 시칠리아 등으로 여행을 갈 수 있도록 했다.

히틀러의 업적이라고 하면 독일 고속도로 아우토반을 건설한 것을 빼놓을 수 없다. 아우토반은 길이가 1만 5,000킬로미터에 이르는 세계에서 가장 유명한 고속도로다. 우리나라 고속도로 전체 길이가 4만 4,000킬로미터이고, 경부고속도로만으로는 416킬로미터이니 그 규모가 어느 정도인지 가늠할 수 있을 것이다. 독일의 국민차인 폭스바겐의 비틀도 히틀러의 작품이었다. 아우토반과 비틀은 독일의 경제가 활성화되고 실업률을 줄이는 데 커다란 역할을 했다.

베를린올림픽 개최도 히틀러 집권 시기에 이루어진 일이었다. 히틀러는 이때 반유대인 정책은 내색도 하지 않고 국제주의의 대표인 양, 휴머니즘의 대표인 양 국위를 선양했다.

이즈음 되니 독일 국민들에게는 히틀러가 저지르는 만행이 눈에 들어오지도 않았다. 1차 세계대전에서 패전하고 난 뒤 너무나 힘들고 어려운 생활이 지속됐는데 히틀러의 등장으로 경제 기적이 일어났기 때문에 독일 국민에게 히틀러는 영웅이고 구세주였다. 그런데 이때 실시한 실업 대책은 히틀러가 정권을 잡기 전 바이마르공화국의 민주파 지도자들이 수립한 정책들인데 그것을 일부 수정해서 실시한 것뿐이었다. 다 차려놓은 밥상에 숟가락만 올려놓은 셈이다.

사실 민주 정부가 경제 기적을 이루기란 참 힘들다. 경제 건설은 강력하면서도 일사분란하게 밀어붙이는 독재 정부가 더 잘한다. 루스벨트가 미국 경제를 부흥시켰다고 하지만 히틀러가 독일에서 경제 기적을 일으킨 것에는 비할 바가 못 된다. 아마 히틀러가 1939년 2차 세계대전을 일으키지 않았다면 루스벨트는 인기 없는 대통령으로 초라하게 임기를 마쳤을지도 모른다.

하지만 독재 정부의 강력하면서도 일사분란한 일 처리 방식 이면에는 희생자가 생기게 마련이다. 청년 노동력과 여성 노동력의 공급을 줄이기 위해 다양한 근로봉사제를 도입하여 청년, 여성 노동력을 줄이고 성년 남성 노동력을 확대시키는 식이었다. 또 실

1938년 5월 5일 오스트리아 비엔나에서 나치가 퍼레이드를 하고 있다. 히틀러와 독일의 나치가
베르사유조약을 위반한 것에 대해 영국은 경고를 했지만 별다른 군사적 조치를 취하지는 않았다.

업 대책을 군사 목적과 결부시키기도 했다.

그럼에도 불구하고 독일 사람들은 히틀러에게 환호했다. 독일
을 위해서 하나님이 재림했다는 말도 나왔다. 실제로 히틀러도 자
신을 독일의 예수라고 했다. 당시 독일 국민들에게 있어 히틀러는
그런 존재였다.

다시 한번 말하지만 히틀러는 절대로 쿠데타로 집권한 사람이

아니다. 히틀러가 쿠데타를 일으킨 적은 있지만 그 당시에는 실패로 돌아가 감옥살이를 했다. 그 뒤에는 의회 선거를 통해 합법적으로, 헌법에 의해서 민주적 절차로 총리가 된다. 집권하고 난 뒤에 행사한 비상대권도 불법이 아니라 헌법에 규정된 것이다. 심지어 홀로코스트조차 합법적인 절차에 의해 진행했다. 히틀러는 그만큼 철두철미한 사람이었다.

대공황의 영향으로 사회법이 등장하다

대공황 이전에는 시장 자본주의, 자유 자본주의, 자유주의, 개인주의가 유럽과 미국의 전통적인 정책의 중심이었다. 그래서 개인이 가난해도, 개인이 경제적으로 불행에 빠져도 그것은 개인의 책임이지 국가가 나설 일이 아니라고 생각했다. 오히려 개인에게 경제적인 자유와 소유권을 인정하게 되면 보이지 않는 손에 의해서, 즉 수요와 공급이라는 시장 법칙에 의해 자연스럽게 조정이 되므로 국가는 시장에 개입하면 안 된다고 생각했다.

그러다가 1929년 대공황이 터지면서 그 전통적인 믿음이 깨지기 시작했다. 전통적인 법은 국가의 기본 질서를 규정하는 헌법이나 행정 질서를 규정하는 행정법을 중심으로 한 공법, 그리고 개인의 소유권을 중심으로 한 재산 거래나 기업을 중심으로 한 상사거래를 보호하는 민법과 상법 같은 사법으로 나누어진다. 그래서 공적인 것과 사적인 것을 엄밀하게 구분하고, 국가는 공적인 것에 대해서만 최소한의 작용을 했다. 사적인 것은 개인이나 기업의 권리로 두어 그 권리를 어떻게 행사하든지 간에 그건 개인의 문제라고 생각했다.

그런데 대공황 이후 대부분의 국민이 실업자가 되고 극심한 인플레에 의해 물가가 조정되지 못할 만큼 경제적으로 난국에 빠지면서 국가가 종래 사적인 영역이었던 재산의 문제나 기업의 문제에 개입하지 않을 수 없게 되었다. 이를 법학의 측면에서는 사회법의 등장이라고 한다.

현대법은 계약 자유의 원칙과 소유권 절대의 원칙이 기본 원칙이었다. 즉 소유권은 절대적인 것이기 때문에 나의 소유권에 대해 국가든 누구든 간섭해서는 안 된다는 원칙, 그리고 소유권을 갖는 개인이 어떤 내용의 계약을 체결하든지 간에 그건 자유라는 원칙, 이 두 가지가 가장 중요한 부분이었다. 그러나 대공황 이후 국가가 어느 정도 간섭해서 경제문제를 해결하지 않으면 안 된다는 게 새로운 사회 변화의 기본 원칙이 되었다. 이때 등장한 사회법은 현재까지 이어져오고 있고, 국민의 복지를 중시하는 현대 민주주의의 기본으로 큰 영향을 끼치고 있다.

5인의 리더,
2차 세계대전에서
만나다

5인의 리더 중에서 2차 세계대전의 주연이라고 할 수 있는 사람은 처칠, 스탈린, 루스벨트, 그리고 히틀러 네 사람이다. 당시 간디는 인도에 있었던 데다가 아무런 지위도 갖지 않았었기 때문에 2차 세계대전에서 별다른 활약이 없었다. 계속해서 독립에 대한 약속을 지키지 않는 영국에 실망하여 인도가 참전하는 것을 반대하는 입장까지 취했다.

한편 2차 세계대전이라고 하면 일본의 움직임을 주시하지 않을 수 없다. 추축국의 일원으로 2차 세계대전에 참전한 일본은 태평양에서 미국과 맞대결을 펼치면서 2차 세계대전 결과에 큰 영향을 끼쳤다. 그래서 5인의 리더 이야기 안에 일본의 그림자가 속속들이 숨어 있을 것이다.

인류 역사상 가장 파괴적인 전쟁의 발발

1936년에서 1939년까지 계속된 스페인내란은 2차 세계대전의 서막이었다. 스페인에서 1936년에 공화국 정부가 수립되자 프랑코라는 군인이 쿠데타를 일으켜 민주공화국 정부를 파괴하려고 했는데, 이를 히틀러와 무솔리니가 도왔다. 특히 히틀러가 보낸 폭격기가 스페인 북부에 있는 조그만 마을 게르니카를 폭격하면서 무고한 시민들이 엄청난 피해를 입었다.

스페인 출신의 화가 피카소는 〈게르니카〉라는 작품을 통해 게르니카의 참상을 알리기도 했다. 스페인내란을 배경으로 《누구를 위하여 종은 울리나》를 쓴 미국의 소설가 어니스트 헤밍웨이를 비롯해 프랑스의 앙드레 말로나 생텍쥐페리, 영국의 조지 오웰과 같은 수많은 작가들과 시인들도 스페인 민주주의를 지지하기 위해서 전쟁에 참여했다.

작가들이나 시인들은 스페인 민주공화국을 위해 싸웠지만 영국이나 프랑스나 미국과 같은 나라들은 정부 차원에서 전혀 도움을 주지 않았다. 만약 당시에 영국이나 프랑스, 미국 정부가 스페인 정부를 지원해 프랑코의 군사독재를 무너뜨렸더라면 2차 세계대전이 벌어지지 않았을 것이라고 보는 학자들도 있다.

한편 독일에서 정권을 잡은 히틀러는 본격적으로 전쟁을 준비하기 시작한다. 베르사유조약을 폐기한다고 선언한 뒤 군사력을 강화하고 라인란트 지방을 위시해서 침략을 감행해나갔다. 그럼에도 불구하고 영국이나 프랑스, 미국은 이러한 독일의 행보에 제재를 가하지 않고 유화성책을 실시했다. 히틀러가 소련의 팽창을 막아줄 것이라는 이유에서다. 히틀러가 베르사유조약에 의해 빼앗겼던 옛 독일 땅을 야금야금 되찾아도 영국이나 프랑스나 미국이 아무 소리 안 하고 있으니 독일 국민들은 히틀러를 외교의 천재라고 여겼다.

마침내 1938년, 히틀러는 총 한 방 쏘지 않고 피 한 방울 흘리지 않고 오스트리아를 점령했다. 게다가 오스트리아 국민들의 환영까지 받을 정도였다. 오스트리아 사람들도 독일어를 쓰기 때문에 사실 독일 문화권에 속한다. 히틀러도 원래 오스트리아 태생이었다. 상황이 이런데도 역시나 영국이나 프랑스, 미국은 별다른 조치를 취하지 않았다.

이듬해에는 뮌헨협정을 어기고 체코슬로바키아를 공격해 보헤미아와 모라비아 지방을 병합했다. 그러고는 폴란드를 차지하려는 야욕을 드러냈다. 상황이 그쯤 되고 보니 영국과 프랑스는 더이상 가만히 보고만 있을 수 없게 되었다. 그래서 폴란드와 군사동맹을 맺고 소련에게도 동맹을 제안했다. 그러나 소련은 영국, 프랑스와 동맹을 맺는 대신 1939년 8월에 독일과 독소불가침조약을 맺었다.

히틀러가 1939년 9월 1일에 선전포고도 없이 폴란드를 침공하면서 2차 세계대전이 시작됐다. 그에 앞서 1939년 2월 대만에서 출격한 일본군이 하이난 섬을 침략하는 일이 있었는데, 이것을 실질적인 2차 세계대전의 시작이라고 보는 역사가들도 있다. 아무튼 영국과 프랑스는 폴란드와 군사동맹을 맺었음에도 불구하고 독일에 침공당한 폴란드를 따로 돕지 않았다. 제임스 먼로의 '먼로주의'를 기조로 하는 고립주의 정책을 내세웠던 미국도 개입을 삼가고 있었다.

그러자 전격전을 앞세운 독일은 벨기에와 네덜란드, 룩셈부르크에 이어 프랑스의 항복까지 받아냈다. 전격전은 2차 세계대전 초기에 독일군이 새롭게 선보였던 전술이었는데, 항공부대로 통신망과 보급로를 끊고 포병부대로 적군에게 포화를 퍼부으면서 기갑부대로 적의 방어선을 돌파해 보병부대로 고립된 적군을 소탕하는 방식이었다. 1939년의 폴란드 침공, 1940년의 프랑스 침공, 1941년의 소련 침공에서 이 전술이 효과적으로 사용됐다.

1940년 말까지 독일은 서부 유럽과 스위스와 스웨덴을 제외한 북부 유럽 전체를 점령했다. 이어 불가리아와 헝가리도 함락시켰다. 그러나 영국, 소련과의 대결에서 패배하면서 기세가 꺾이기 시작했고, 1944년 연합군의 노르망디상륙작전과 바그라티온작전으로 패색이 짙어지면서 결국 1945년 5월 7일 독일은 무조건 항복을 선언했다.

2차 세계대전 중에도 계속된 간디의 독립운동

2차 세계대전 때 인도를 둘러싼 크나큰 문제점 중 하나는 일본이었다. 일본은 이미 1930년대에 만주를 침략했고, 2차 세세내전이 터지면서 1941년에 홍콩을 바로 점령해버렸다. 아편전쟁의 결과 영국이 홍콩을 150년간 지배하게 되었는데, 그 사이에 일본이 홍콩을 점령해버린 것이다. 이어 1942년에는 싱가포르, 미얀마까지 점령한다.

미얀마는 인도 바로 옆이었다. 미얀마는 한때 영국의 식민지였다가 독립했는데, 이번에는 일본의 지배를 받게 된 상황이었다. 그래서 인도도 곧 일본의 침략을 받을 위기에 처해 있었다. 이때 인도 총독이 간디에게 도움을 청했는데, 이것은 당시 영국 수상이었던 처칠과는 완전히 다른 입장이었다. 처칠에게 인도의 독립은 죽어도 허용 안 되는 사항이었으나, 인도 총독은 영국 정부와는 달리 간디의 도움을 받고 인도의 독립을 보장해야겠다고 결정했다.

하지만 처칠을 믿지 못한 간디는 루스벨트에게 편지를 보내어 연합군이 인도에 주둔하면서 일본군과 싸울 수 있도록 인도 땅을 내주겠다고 했다. 그러자 처칠도 1942년에 와서 인도에 자치령을 부여하겠다고 제안했다. 그전에는 간디도 자치령에 대해 긍정적으로 생각했으나 이제는 영국이 완전 독립을 보장하지 않으면 전쟁에 협조할 수 없다고 최후통첩을 했다.

영국은 간디를 구속하는 걸로 대응했는데, 간디가 2년 감옥살이를 하는 동안 200만 명 이상의 인도 젊은이들이 전장에 끌려갔다. 1944년에 와서 2차 세계대전의 승세가 영국, 프랑스, 미국의 연합국 쪽으로 기울어지자 그제야 간디는 석방됐다.

그 당시 영국과 미국을 대표하는 인물이었던 처칠과 루스벨트는 식민지 독립에 대한 입장이 상당히 달랐다. 루스벨트는 보다 적극적으로 인도를 비롯한 식민지들을 독립시킬 것을 처칠에게 조언했다. 하지만 처칠은 끝까지 인도의 독립을 반대했다. 루스벨트의 미국은 필리핀을 비롯해 몇 군데 식민지가 있었지만 이미 필리핀에는 1934년 자치를 인정했고, 나머지 식민지도 영국에 비해서 영토가 아주 작았기 때문에 식민지에 대한 부담감이 별로 없었다.

결국 인도는 2차 세계대전이 끝나고 1947년에 영국으로부터 독립했다. 나머지 아프리카 국가들은 1950년대 후반, 혹은 1960년대까지 독립하지 못했다. 그때까지도 영국은 식민주의, 제국주의에 사로잡혀 식민지 국가들을 놓아주지 않았다. 그러다가 1960년대에 와서 제3세계 민족해방운동이라는 것이 전 세계적인 기류가 되면서 식민지 해방 분위기가 조성되어 어쩔 수 없이 포기할 수밖에 없었다.

영국의 수상이 되어 2차 세계대전을 지휘한 처칠

2차 세계대전 중인 1940년, 처칠은 영국의 수상이 되었다. 처칠도 루스벨트나 히틀러처럼 연설을 통해서 국민들의 의기를 고양시키곤 했는데, 특히 "저는 이 정부에 참여하게 되신 분들에게 말한 것처럼 의회를 향해서 이렇게 말하겠습니다. 제가 드릴 수 있는 것은 피와 눈물, 그리고 땀뿐이라고. 여러분은 우리의 목석이 무엇이냐고 물으실 겁니다. 저는 한마디로 말씀드릴 수 있습니다. 그것은 바로 승리라고. 그 길이 아무리 멀고 험해도 우리는 모든 희생에 대해 기필코 승리를 거머쥘 것입니다. 승리 없이는 생존도 있을 수 없기 때문입니다. 승리가 현실이 되도록 합시다. 우리의 단결된 힘으로 앞으로 나아갑시다."라는 수상 취임 연설이 아주 유명하다. 이 연설은 전쟁으로 인해 커다란 공포감과 좌절감에 빠졌던 영국 국민들에게 큰 힘이 되었다.

2차 세계대전 중 처칠이 보여준 최고의 리더십은 '덩케르크 작전'이었다. 덩케르크 작전은 2차 세계대전 초기에 프랑스 북부의 덩케르크에 고립된 영국과 프랑스 연합군 50여만 명을 구출하기 위해 벌인 작전이었다. 2차 세계대전은 독일이 폴란드를 침공하면서 시작됐다. 폴란드를 침공한 뒤 독일은 프랑스로 향했다. 프

1940년, 독일군에 완전히 포위당한 영국·프랑스·벨기에의 군인 수십만 명을 구출하기 위한 덩케르크 작전이 펼쳐졌다. 주로 민간인들의 작은 선박들을 투입한 최대 규모의 해상 탈출 작전이 성공함으로써 연합국은 2차 세계대전 초반에 불리했던 전세를 역전시키고 항전 의지를 되살렸다. 2차 세계대전 당시 처칠의 리더십은 덩케르크 작전에서 가장 빛이 났다.

랑스에서는 국방장관이었던 앙드레 마지노의 이름을 딴 750킬로미터나 되는 '마지노선'을 만들어 난공불락의 방어선을 구축했으나, 예상과는 달리 독일군이 벨기에와 네덜란드 쪽을 통해 침략하면서 힘없이 수도 파리를 내주고 항복하기에 이르렀다.

그 과정에서 덩케르크에 있던 50여만 명의 영국과 프랑스 연합군이 포위 상태로 고립되고 말았다. 그들을 구출하기 위해 작전을 펴게 되면 다른 전선에 희생이 생길 수 있었으나 처칠이 철수작전을 밀어붙여 10일간 34만 명의 연합군을 철수시켰다. 하늘에서는 독일 폭격기가 날아다니고 육지로는 독일 군인들이 밀려오는 위기 상황에서 영국 측은 860여 척의 배들을 동원하여 군인들을 철수시키는 데 성공했다. 처칠의 결단력과 군인들의 용기가 결합되어 성공적으로 마무리된 덩케르크 작전으로 처칠은 2차 세계대전의 영웅이자 영국 최고의 지도자가 된다.

덩케르크 작전에 성공함으로써 포위 상태에 있던 연합군을 구출해내기는 했지만, 이미 독일군에 점령당한 프랑스에는 비시정권이라는 괴뢰정권이 수립되고 만다. 그래서 영국은 혼자서 히틀러와 대결해야 하는 처지가 되었다. 그러던 중 독일이 영국 본도를 침략하는 일이 발생하자 더욱더 위기에 몰린 처칠은 미국의 참전을 요청했다. 영화 〈다키스트 아워〉에서는 처칠이 차단된 공간에서 루스벨트에게 전화를 걸어 애원조로 미국이 참전해야 한다고 설득하는 장면이 나온다. 그러나 루스벨트는 자신들은 먼로주의를 따르기 때문에 유럽 전쟁에는 참전하지 않는다고 하며 시큰둥하게 대화에 임하는 장면이 이어진다.

처칠은 미국의 참전을 원했지만 먼로주의를 내세워 중립의 입장을 고수하는 미국에게 그렇다면 무기 대여라도 해줄 것을 요청했다. 결국 루스벨트는 무기대여법을 만들어 영국에 무기를 무상으로 지원하고 전쟁이 끝나면 현물로 급여를 반환받기로 한다. 드디어 미국을 전쟁에 참여시킨 것이다. 이후 영국은 맹렬한 공격을 퍼부은 독일군으로부터 본토를 지켜냈다.

하지만 독일을 상대로 승리를 거둔 이후의 상황도 처칠에게 녹록지 않았다. 특히 1942년 2월 16일에 일본이 싱가포르를 점령하면서 1826년부터 동인도회사의 지배하에 두고 1867년부터 본격적으로 식민지로 지배했던 싱가포르를 일본에게 빼앗기는 일이 발생했다. 처칠은 이에 대해 영국 사상 최악, 최대의 치욕적인 항복이라고 말하기도 했다. 일본은 1942년부터 1945년까지 싱가포르를 지배했는데, 싱가포르 사람들이 영국의 300년 지배를 일본의 3년 지배에 비교할 수가 없다고 할 정도로 일본에게 혹독한 전쟁 범죄를 당했다.

처칠은 2차 세계대전 중 영국 국민들로부터 영웅 대접을 받았지만 1945년 7월에 치러진 선거에서 보수당이 패배하고 노동당이 집권하면서 수상 자리에서 물러난다. 처칠이 전쟁의 영웅이긴 했지만 영국 사람들은 보수당의 제국주의 정책에 대해서 대단히 염증을 냈고, 그래서 새로운 진보적 정책으로 전환할 필요가 있다고 판단한 것이다. 선거 결과에 대해 처칠은 "민주주의는 배은망덕하다."는 말을 남길 정도였다고 한다.

2차 세계대전 중 독일과의 승부에서 승리한 스탈린

1939년 8월 스탈린은 독일과 불가침조약을 체결해 동맹국이 되었다. 독소불가침조약을 맺은 뒤 소련은 1939년부터 발트 3국을 차지하려는 야망을 보이더니 1940년에 이르러서는 본격적으로 발트

3국을 병합하려는 시도를 하기 시작했다. 6월 15일에는 라트비아를, 6월 16일에는 리투아니아와 에스토니아를 침략하여 현지 공산주의자들의 힘을 빌어 발트 3국에 공산주의 정부를 세우려고 했다.

7월 14일과 15일 사이에는 발트 3국에서 소련 편입 문제를 놓고 국민투표를 했는데, 만장일치로 통과됐다. 명백한 조작이었다. 하지만 소련은 자발적으로 발트 3국이 소련에 합병되는 것을 선택했다고 대대적으로 선전했다. '전 인민의 위대한 지도자' 스탈린이나 행할 수 있는 기적이라고 홍보하기도 했다. 발트 3국의 소련 합병은 얄타회담 이후에 더욱 확고히 굳어졌다. 하지만 현재 발트 3국에서는 이 시기는 강제 점령기라고 규정하면서 소련의 합병이 완전한 불법이었다고 주장하고 있다.

그러던 1941년 6월, 소련이 우려했던 일이 벌어진다. 히틀러가 독소불가침조약을 파기하고 소련을 침략한 것이다. 전쟁이라고 하는 극단적인 상황에 놓이게 되면 상황에 따라 적과 동지가 하루아침에 바뀌곤 한다. 국제정치는 늘 그런 식으로 정신없이 돌아간다. 그래서 처칠이 주장한 것이 어느 나라가 특히 더 강해서는 안 된다고 하는 세력균형론이었다.

독일이 공격하지 않을 것이라고 철저하게 신뢰하는 입장은 아니었으나 영국을 굴복시키기 전에는 소련을 공격하지 않을 것이라고 생각했던 스탈린은 기습적인 히틀러의 공격을 받고 그 충격으로 인해 잠시 무기력증에 빠졌다. 하지만 곧 회복하고는 전쟁을 진두지휘했다. 독일의 기습 공격으로 인해 초반에는 소련군 항공기가 1,200대 이상 격파됐고 소련군 수십만 명이 포로로 붙잡혀가는 등 전세가 상당히 불리했다. 스탈린은 독일군이 수도 모스크바 외곽까지 들어왔을 때 피신하라는 권고를 받았지만 끝까지 크렘린을 사수하면서 결국 독일군의 철수를 이끌어냈다.

물론 소련군의 반격도 치열하고 강력했으나, 소련군의 승리에는 모스크바의 악명 높은 추위가 가장 큰 역할을 해냈다. 단기간에 전쟁을 끝낼 계획으로 모스크바의 추위에 대비하지 않았던 독일군은 영하 20도가 넘는 추위를 견디지 못한 채 결국 모스크바 함락을 눈앞에 두고는 철수해야 했다.

영국과 전쟁을 치르면서 영국은 굴복시킬 수 없는 상대라고 판단한 히틀러는 소련을 치고 동쪽으로 진출하려는 계획을 세웠으나 결국 나폴레옹과 같은 운명이 되고 만다. 유럽 대륙을 석권한 뒤 마지막으로 러시아를 침략했다가 쇠락의 길을 걷게 되는 나폴레옹처럼 소련에 패배하면서 절체절명의 위기에 빠진 것이다.

모스크바공방전에서 승리한 이후 소련군은 1942년 스탈린그라드전투와 1943년 쿠르스크전투에서도 독일로부터 대승을 거두었다. 1944년에는 동부 폴란드와 벨라루스에 포진해 있던 독일군을 붕괴시키기 위한 바그라티온작전을 스탈린이 진두지휘하면서 동부전선 전역에서 독일군을 격퇴시켰다. 바그라티온이라는 작전명은 러시아를 침략한 나폴레옹 군과 싸우다가 보로디노전투에서

1942년 8월 21일부터 1943년 2월 2일까지 스탈린그라드(현재 이름은 볼고그라드)에서 소련군과 독일군이 벌인 전투를 스탈린그라드전투라고 한다. 1941년 6월, 독일이 독소불가침조약을 일방적으로 파기하고 소련을 침공하자 스탈린을 위시한 소련군은 필사적으로 맞섰다. 초반에는 전세가 상당히 불리했으나 치열하게 반격하여 결국 모스크바공방전에서 승리한 뒤 이듬해 스탈린그라드전투에서도 대승을 거두었다. 이 전투에서만 약 200만 명의 사상자가 발생해 가장 참혹했던 전투 중 하나로 기록되고 있다.

치명상을 입고 전사한 바그라티온 장군의 이름에서 따온 것이라고 한다.

　소련은 독일과의 전쟁이 시작되기 직전인 1941년 4월에 일본과도 불가침조약을 맺은 바 있다. 1931년 만주사변을 일으키면서 만주 일대를 차지한 일본은 그 이후 국경 지대에서 소련과의 분쟁이 잦아졌다. 그러다가 1939년 몽골 영토에서 할힌골전투가 벌어졌는데, 이 전쟁에서 일본군은 소련군에 참패하면서 소련이 원하는 대로 국경선을 확정하고 소일불가침조약을 맺었다. 일본은 러일전쟁에서 러시아를 상대로 승리를 거둔 바 있어 소련을 얕보고 있었던 데다가 중국과 전면전을 치르고 있었던 중이라 병력이 분산된 반면, 소련은 당시 어느 나라와도 전쟁을 치르지 않았기 때문에 일본과의 전쟁에 집중할 수 있었다.

독일이 독소불가침조약을 깨고 소련을 공격한 일명 바르바로사작전을 펼치면서 일본 측에 소련의 극동을 공격해달라는 요청을 여러 번 했음에도 불구하고 일본이 전쟁에 참여하지 않았던 것은 바로 소일불가침조약 때문이었다. 하지만 1945년 4월 소련은 일본 측에 더 이상 소일불가침조약을 갱신하지 않을 것이라고 통보하고 그해 8월에 만주를 침공해 다시 한번 일본을 상대로 승리를 거둔다. 그 결과 러일전쟁 때 일본에 빼앗겼던 사할린 섬을 되찾고 쿠릴 열도까지 차지하게 된다.

1945년 2월에 열린 얄타회담에서 처칠, 스탈린, 루스벨트가 모여 독일의 패배와 전후 처리 과정에 대해 논의했는데, 이때 전쟁을 빨리 종식시키기 위해 소련을 지원하자는 의견이 채택됐다. 그래야만 독일과 일본을 빨리 패전시킬 수 있다는 계산에서였다. 이 회담에서 스탈린은 대단한 협상가의 면모를 보이며 협상에 임했다고 한다. 당시 영국의 외무장관이었던 앤서니 이든이 그 모습을 보고 스탈린의 우수한 협상 기술에 대해 칭찬하기도 했다.

이후 루스벨트의 요청으로 스탈린은 일본의 식민지에 소련군을 파견했다. 그런데 미국 내부에서는 소련을 연합국에 끌어들인 것에 대해 부정적인 여론이 조성됐다. 이것을 계기로 전쟁이 끝난 뒤 스탈린은 당연히 아시아에서도 소련의 몫을 요구했는데, 미국이 일본과의 전쟁에서 소련이 별로 한 일이 없다고 주장하자 스탈린은 소련군의 부상자와 사망자 수를 근거로 내세워 대가를 요구했다.

2차 세계대선에서 넌합국의 승리에 가장 근 역힐을 헀딘 깃은 누가 뭐래도 미국이었다. 하지만 히틀러가 이끄는 나치와의 전쟁에서의 수훈갑은 단연 소련이었다. 나치 격퇴의 9할은 소련이 담당했다는 말이 있을 정도다. 하지만 그에 따른 소련의 희생은 너무나 처참했다. 약 1,100만 명의 군인 사망자를 포함해 2,000만 명에 가까운 사람들이 목숨을 잃었으니 말이다. 경제적 피해도 막심했다. 전쟁을 치르며 1,280억 달러 상당의 재산 피해가 발생했는데, 독일로부터 받아낸 전쟁 배상금은 고작 51억 달러에 불과했다.

2차 세계대전에서 소련이 승리한 것은 스탈린이 아니라 소련 국민에 의한 것이라는 평가도 있지만, 스탈린의 리더십이 없었다면 승리는 불가능했다고 보는 것이 일반적이다. 군사작전에 탁월한 능력을 발휘한 스탈린의 지도력이 없었다면 나치 독일의 침략에 맞선 항전은 실패했을지도 모른다는 분석이다. 특히 전시에 스탈린은 평소의 제압하고 지시하는 독재자 스타일을 거두고, 토론하면서 그 토론을 감독하는 조정자 스타일을 택했다. 그는 자신이 나서서 지휘하는 대신 주변의 유능한 장군들에게 기회를 주어 그들을 뛰어난 최고 사령관으로 단련시켰다.

모든 리더와 마찬가지로 스탈린에게도 공과가 있다. 스탈린이 잔인한 독재자였다는 것은 부정할 수 없는 사실이지만 소련 경제를 부흥시키고 2차 세계대전을 승리로 이끈 주역이라는 점에 대한 평가는 그것대로 공정하게 내려져야 한다.

뒤늦게 참전하여 2차 세계대전 승리의 주역이 된 루스벨트

미국이라는 나라는 원래 인디언들이 살던 곳에 영국인을 중심으로 유럽인들이 정착한 이민 사회이기 때문에 정치적, 군사적인 위기 상황이 닥치면 단결하는 힘이 강하다. 2차 세계대전 때도 독일이 폴란드를 침략한 뒤 프랑스까지 침략하자 미국 국민들은 일치단결해서 루스벨트를 3선 대통령으로 뽑았다.

2차 세계대전이 발발하자 미국은 참전하지 않고 연합국 측의 병기창 역할만 했다. 미국은 1823년 5대 먼로 대통령부터 미국의 유럽에 대한 불간섭의 원칙, 유럽의 미국에 대한 불간섭의 원칙, 유럽 제국에 의한 식민지 건설 배격의 원칙 등 3개 원칙을 바탕으로 하는 먼로주의를 채택하고 있었다. 그래서 유럽 대륙에서 벌어진 2차 세계대전에 참전하지 않고 무기만 공급했다.

그러다가 영국의 제안으로 1941년 3월 루스벨트가 무기대여법을 통과시키면서 미국 방위에 필요하다고 인정되는 나라라면 무기를 대여할 것을 결정했다. 루스벨트는 이 법에 반대하는 사람들을 "불난 옆집에서 소방 호스를 빌려달라고 하는데 우물쭈물하면 우리 집에 불이 옮겨 붙을 수밖에 없다. 옆집의 불을 끄는 것은 우리 집을 지키는 길이기도 하다."라는 논리로 설득했다. 마침내 미국에서 무기대여법이 발효되자 독일과의 전쟁으로 미국의 무기 지원이 절실했던 영국은 숨통이 트이게 되었다.

　　이후 1941년 8월, 루스벨트와 처칠은 대서양 해상에 있던 영국 군함 프린스오브웨일스호에서 최초로 만나 2차 세계대전 이후 양국의 정책에 대해 논의한다. 이때 영토를 더 이상 확대하지 않고 무역과 자원은 기회균등하게 제공하며, 경제적으로 협력하고 공포와 결핍으로부터의 자유 및 해양의 자유를 보장하며, 군비를 축소하고 국제평화를 위해서 집단안전보장 체제를 확립하자는 내용을 공동 원칙으로 정했다. 이것이 바로 그 유명한 '대서양헌장'이다. 대서양헌장은 뒤에 UN의 이념적 기초가 되었다.

　　하지만 이때까지도 미국은 전쟁에 직접적으로 참전하지는 않았다. 필요한 곳에 무기만 제공할 뿐이었다. 그런 미국을 2차 세계대전의 전장으로 끌고 나온 것은 전쟁을 일으킨 독일도 아니었고 연합국을 이끌던 영국도 아니었다. 바로 일본이었다.

　　중국과 동남아에서 세력을 키워가던 일본을 미국은 그냥 두고 볼 수만은 없었다. 그래서 중국과 동남아에서 철수하고 동맹에서도 탈퇴하라고 경고했지만 일본은 그 경고를 듣기는커녕 오히려 영국과의 전쟁에서 승승장구하며 더욱더 동남아에 대한 세력을 강화해나갔다. 결국 미국은 자국 내에 있는 일본 자산을 동결하고 더 이상 일본에 석유를 수출하지 않겠다고 발표한다.

한편 미국이 동남아 침략에 대해 규제를 가하니 일본 국내에서는 강경파와 온건파 사이에서 논쟁이 벌어졌다. 그 논쟁에서 온건파가 패하고 강경파가 승리하는데, 그 강경파의 우두머리가 도조 히데키였다. 강경파의 선봉인 도조 히데키가 수상이 되면서 미국과의 전쟁을 선언했다. 마침내 일본은 1941년 12월 7일, 진주만 습격을 감행해 미국 항공모함 부대를 공격하기에 이른다.

진주만 습격으로 진주만에 있던 미군 3,000여 명이 사망했다. 독립 이후 다른 나라로부터 무력 공격을 처음 당하게 된 미국으로서는 충격에 빠지지 않을 수가 없었다. 그래서 지금도 미국에서는 국가 위기에 처했을 때 진주만을 기억하라고 부르짖곤 한다.

바로 다음 날인 12월 8일 루스벨트는 곧바로 일본에 선전포고를 하고 2차 세계대전에 참전한다. 영화 〈진주만〉에서는 휠체어에 앉아 있던 루스벨트가 벌떡 일어나 전쟁에 반대하는 장군들에게 왜 그렇게 비겁하냐, 왜 용기를 갖지 못하느냐고 하면서 일본에 대해 선전포고할 것을 요청하는 장면이 등장한다. 미국이 일본에 선전포고하자 처칠은 미국과 한배를 탔다고 좋아하면서 일본에 선전포고를 했다.

이후 미국과 일본은 태평양의 권좌를 두고 여러 번 부딪쳤다. 그중에서 가장 결정적인 전쟁이 1942년에 벌어진 미드웨이해전이 었다. 일본은 미국의 하와이와 가까운 북태평양의 미드웨이 섬과 알류샨 열도의 기지를 점령하기 위해 작전을 개시했다. 그러나 뛰어난 미국의 정보 능력은 일본 해군의 암호를 해독했고, 덕분에 미리 대비 태세를 갖출 수 있었다.

결국 역사상 최대 규모의 항공모함 전투에서 승리한 미국은 2차 세계대전의 선운을 완전히 바꾸어놓았다. 반면 그동안 승승장구하던 일본은 미드웨이해전을 기점으로 전멸의 길을 걷게 된다. 1944년 가미카제라는 자살특공대를 만든 것이나, 1945년 2월 이오지마전투와 1945년 4월 오키나와전투를 벌인 것은 모두 미국과의 대결에서 최후의 발악이라고 보면 된다.

1944년 6월 6일, 미국은 아이젠하워 사령관의 지휘 하에 노르망디상륙작전을 벌여 독일 수중에 있던 파리를 해방시켰다. 노르망디상륙작전은 지금도 인류 역사상 최대의 상륙작전이자 2차 세계대전의 판도를 바꾼 최고의 작전으로 손꼽힌다. 스티븐 스필버그의 〈라이언 일병 구하기〉라는 영화의 배경이 노르망디상륙작전이 펼쳐진 해안가였다. 그밖에도 노르망디상륙작전을 다룬 미국 영화가 대단히 많다. 왜냐하면 미국이 2차 세계대전에서 결정적으로 승리하게 되는 전투이기 때문이다. 또한 노르망디상륙작전은

미드웨이해전에서 미국의 급강하폭격기 SBD-3 돈트리스가 일본의 순양함 미쿠마에 대한 공격을 개시하고 있다. 1942년 미국은 북태평양의 미드웨이 섬과 알류샨 열도의 기지를 점령하려는 일본에 맞서 대규모 해전을 개시했다. 미국이 미드웨이해전에서 승리함으로써 2차 세계대전의 판도가 바뀌었다.

디데이D-Day라는 유행어도 탄생시켰다. 당시 작전명이 디데이였는데, 이때부터 어떤 계획을 실시할 예정인 날을 디데이라고 부르기 시작했다.

1945년 2월 4일부터 11일까지 루스벨트는 소련 흑해 연안의 얄타에서 처칠, 스탈린과 함께 얄타회담을 열었다. 그리고 2월 13일에는 독일의 드레스덴을 폭격한다. 드레스덴 폭격은 히로시마 나가사키 원폭에 버금갈 정도로 위력적이었다고 한다. 그런데 일본은 지금도 히로시마 나가사키 원폭을 들먹이며 자신들이 2차 세계대전의 피해자인 양 굴지만 독일은 드레스덴 폭격에 대해 불만을 얘기하지 않고 있다.

1945년 4월 12일, 루스벨트는 결국 2차 세계대전 종전을 지켜보지 못하고 눈을 감는다. 그리고 부통령이었던 해리 트루먼이 대통령으로 취임한다. 루스벨트가 사망한 뒤 4월 28일에는 무솔리니가 살해되고, 그 이틀 뒤에는 히틀러가 베를린 지하벙커에서 자살한다.

루스벨트는 600만 유대인들이 희생되는 홀로코스트가 벌어진다는 사실을 알고 있었지만 그 사실을 외면했다. 그것은 영국이나 프랑스도 마찬가지였다. 또 미국 국내에 적국인으로 독일인도 있었고 이탈리아인도 있었는데, 유독 일본인들만 수용소에 수용하여 인종차별을 했다는 비판을 받기도 했다. 대중 인기에 영합해서 길거리 정치를 하느라 자유민주주의를 왜곡했다든가, 건전한 기업 풍토를 손상했다는 보수주의자들의 비판은 재임 기간 내내 들어야만 했다.

그런 비판에도 불구하고 루스벨트의 재임 기간은 미국에서 가장 자유롭고 평등했던 시기라고 평가되고 있다. 2차 세계대전에서 연합국의 전쟁 물자 생산을 도맡다시피 하면서 엄청난 전쟁 특수를 누린 덕분이기는 했지만, 아무튼 재임 기간 동안 미국을 세계 최고의 경제 대국이자 군사 강국으로 만들어놓은 것도 루스벨트였다. 참전에 반대하는 국민여론과 정치권을 진정성 있는 연설로 설득해 2차 세계대전을 연합국의 승리로 마무리한 것도 루스벨트의 리더십 덕분에 가능한 일이었다.

2차 세계대전과 홀로코스트를 일으킨 당사자 히틀러

히틀러가 1939년 8월 소련과 독소불가침조약을 맺었을 때 외교적인 기적이라는 평가가 있었다. 히틀러가 세상에서 제일 싫어한 게 유대인이 지배하는 공산주의였는데, 히틀러가 공산주의를 대표하는 소련과 불가침조약을 맺는 것은 예상치 못한 일이었다. 히틀러가 소련을 견제해줄 것이라고 기대했던 영국, 프랑스, 미국은 독일이 소련과 손을 잡았다는 사실에 놀라지 않을 수 없었다.

그러나 히틀러는 소련과 손을 잡아야 프랑스를 비롯한 서방국가를 침략할 수가 있었다. 소련과 손을 잡지 않으면 소련과도 전쟁을 벌여야 하는데, 그렇다면 1차 세계대전 때의 악몽을 고스란히 재현할 가능성이 컸다. 독일은 동쪽으로는 소련, 서쪽으로는 프랑스를 두고 있었기 때문에 둘 중 어느 한쪽하고는 손을 잡아야만 다른 한쪽과의 전쟁에 집중할 수 있는 상황이었다.

소련과 불가침조약을 맺은 독일은 1939년 9월 1일, 폴란드를 침공하며 2차 세계대전을 일으켰다. 1940년 9월에는 이탈리아, 일본과 삼국동맹 조약을 맺기도 했다. 사실 그전에도 세 나라 사이에는 이미 협력 관계가 맺어진 상태였다. 1936년 독일과 일본 사이

1940년 6월 18일, 동맹관계였던 독일의 히틀러와 이탈리아의 무솔리니가 독일 뮌헨에서 만났다. 이때는 히틀러의 군대가 승승장구하면서 서유럽 대륙 정복을 눈앞에 두고 있었다.

에 체결된 방공협정, 1939년 독일과 이탈리아 사이에 체결된 강철 조약 등이 있었기 때문이다. 세 나라는 원래 소련에 대응하기 위한 군사동맹을 맺고자 했지만 1939년 독일이 소련과 불가침조약을 체결하면서 그것이 무산된 바 있는데, 미국과 소련에 대응하기 위한 군사동맹을 맺어야 2차 세계대전에 승리할 수 있다는 이해관계가 일치하면서 조약을 체결했다.

　일본이 2차 세계대전에 참전하자 히틀러는 3,000년간 미정복

된 나라와 동맹을 맺었다는 사실에 기뻐했다. 또 일본이 동맹국이 됨으로써 미국은 태평양에 묶이고 식민지가 많은 영국도 타격을 받을 것이라고 생각하여 일본의 동맹을 매우 환영했다. 미국이 참전해봐야 태평양에서 일본과 싸울 테고 영국도 동남아의 식민지를 지키기 위해 그쪽에서 싸울 테니 유럽 전선에서 미국과 영국은 힘을 못 쓸 것이라고 판단했다.

그러나 영국 본토에 대규모 폭격을 감행했음에도 불구하고 영국군에 패배하고, 독소불가침조약을 일방적으로 깨고 개시한 소련과의 전투에서도 매서운 겨울 추위를 이기지 못하고 후퇴하면서 기세가 한껏 꺾이고 만다. 거기에 노르망디상륙작전이나 바그라티온 작전 같은 연합국의 공세에 치명타를 입으면서 베를린 함락 직전인 1945년 4월 30일 히틀러는 자살하고 5월 7일 독일은 항복했다.

그런데 2차 세계대전과 히틀러의 관계를 이야기하면서 홀로코스트에 대한 언급을 안 하고 넘어갈 수는 없다. 히틀러는 잘 알다시피 2차 세계대전 때 600만 명의 유대인들을 수용소에서 집단 살해하는 만행을 저질렀다. 그런데 히틀러가 언제부터 반유대인 사상을 갖게 되었는가에 대해서는 여러 가지 얘기가 있다.

제대를 하고 난 뒤에 정치 활동을 하면서 조금씩 반유대주의 사상에 젖었다고 보는 것이 통설이다. 하지만 일부 학자들은 어릴 때부터 그랬을 것이라고 판단한다. 특히 린츠에서 실업학교에 다닐 때 같은 학급에 있었던 비트겐슈타인 때문이라고 보는 견해가 있다. 비트겐슈타인은 20세기 철학의 가장 위대한 천재라고 손꼽히는 사람인데, 비트겐슈타인과 히틀러가 같은 실업학교를 다녔다. 유대인이었던 비트겐슈타인은 집안이 매우 부유했다. 부잣집 아들이었기 때문에 당연히 학교에 다닐 때 부유한 티가 났다. 그래서 히틀러가 비트겐슈타인을 질투해서 반유대주의에 젖었다고 하는 사람들도 있다. 반면 당시 비트겐슈타인과 히틀러는 서로가 아무런 관심이 없었다고 보는 사람들도 있다.

히틀러가 빈에서 생활할 때 겪었던 일들 때문이라고 보는 의견도 있다. 당시 유럽, 특히 독일이나 오스트리아에 사회주의가 대두되고 있었는데, 사회주의를 지도하는 이론가나 운동가들 중에 상당수가 유대인이었기 때문에 히틀러가 반감을 가질 수 있었다는 것이다. 하지만 이때까지만 해도 유대인 친구도 있어서 유대인에 대해 노골적으로 반발한 것은 아니었다고 보기도 한다.

아무튼 최초의 반유대인법은 유대인들을 공직에서 추방하거나 결혼을 반대하는 방식으로 이루어졌다. 그래서 1933년 직업관리재건법, 그리고 1935년 뉘른베르크인종법을 만들었다. 공직 추방이나 결혼 반대 같은 정책을 실시하면 유대인들이 스스로 다른 나라로 가서 살 것이라고 생각한 것이다. 히틀러는 독일이 1차 세계대전에 패배한 것, 경제 대공황이 일어난 것, 공산주의가 득세하게 된 것이 모두 유대인 탓이라고 생각했기 때문에 눈엣가시 같은 유대인이 스스로 독일을 떠나주길 바랐다.

그러나 1937년까지 독일을 떠난 유대인은 12만 명에서 13만 명 정도에 불과했고 나머지 37만 명에서 38만 명은 그대로 독일에 남아 있었다. 히틀러가 큰소리를 치기는 하지만 설마 모두 죽이겠느냐 싶었던 것이다. 또 오랫동안 살았던 독일에서 갑자기 떠나는 일이 쉽지 않기도 했다.

처음에는 히틀러의 반유대인 정책에 대해 그다지 걱정하지 않았으나, 1939년에 2차 세계대전이 시작되면서 히틀러가 보다 노골적으로 반유대인 정책을 실시하자 상황이 급박해졌다. 그러나 1939년에도 7만 5,000명 정도가 독일을 떠났을 뿐이었다. 외국에 가도 먹고 살 수 있는 정도의 재산이 있거나, 또는 아인슈타인처럼 유명한 학자나 교수여서 미국이나 영국에 가도 충분히 그 명성을 유지할 수 있는 정도의 특권계층이 주로 떠났다. 그러나 외국에 가면 살길이 막막한 유대인들은 떠나지 못했다. 사실 유대인들은 대부분 가난했다.

1940년대에 들어서면서 유대인 절멸 정책이 본격화된다. 1940년에 폴란드 수도인 바르샤바에서 한 시간 정도 거리에 아우슈비츠 수용소를 만들어 130만여 명을 구금하고 110만여 명을 살해했다. 거의 매일 3,000명 정도를 독가스로 살해했다. 그중 90퍼센트는 유대인이었고 그밖에 집시, 포로, 동성애자, 정치범 등도 있었다.

히틀러는 1941년에 미국에 대해 선전포고를 할 때도 미국이 유대인에 의해 지배되고 있기 때문에 절멸시켜야 한다고 주장했다. 특히 루스벨트가 국제분쟁을 조장하는 이유가 유대인 참모들 탓이라고 주장했다. 1942년에는 1,100만 명 이상의 유대인을 죽인 다는 홀로코스트 계획을 구체적으로 수립하고 과학적으로 살해 계획을 실행했다.

전쟁이 끝날 때까지 독일 국민의 대다수는 유대인 대학살을 알고 있었으면서도 방관했다. 종래에는 유대인 학살이 히틀러를 비롯해 몇 명의 친위대원과 SS대원들이 저지른 만행이고, 대부분 의 독일인들은 그 사실을 몰랐기 때문에 책임이 없다고 했다. 그러 나 최근에는 독일인들 대부분이 알고 있으면서 모른 체 방관했다 고 보는 것이 일반적이다.

히틀러의 야만적인 독재정치에 대해 독일인 모두가 방관만 한 것은 아니었다. 저항운동에 참가했다가 처형당한 독일 국민의 수 는 거의 7만 7,000명에 이르며, 사형까지 안 간 사람들을 합치면 그보다 훨씬 더 많은 사람들이 히틀러의 독재정치에 저항했다. 뮌 헨대학교 의과대학 학생이었던 24세 한스 숄, 그의 여동생 22세 소피 숄, 한스 숄의 친구 크리스토프 프롭스트가 백장미라고 하는 단체를 만들어 나치에 반대하는 전단을 뿌리다가 처형당한 '백장 미운동'은 지금까지도 독일 국민들이 히틀러가 저지른 전쟁에 대 한 책임을 논할 때 떠올리는 사건이다. 전쟁이 끝나고 난 뒤 독일 에서는 아인슈타인, 괴테, 브란트, 그리고 백장미운동을 펼친 숄 남매 등을 가장 위대한 독일인으로 선정하기도 했다.

2차 세계대전이 끝난 뒤 유대인 학살에 책임이 있는 독일 친위대 고위 장교들 중 일부는 처형당했지만 일부는 미국이나 남미로 도망쳤다. 그중 아이히만은 15년 동안 아르헨티나에서 숨어 살다가 이스라엘 정보부 모사드에 붙잡혀 와서 1961년 재판을 받고 교수형을 선고받았다.

유대인 출신 여류 철학자 한나 아렌트는 미국 잡지사의 기사를 쓰기 위해 아이히만 재판을 참관하고 나서 《이스라엘의 아이히만》이라는 책을 쓰기도 했다. 이 책에서 아렌트는 '악의 평범성'을 주장했다. 아이히만이 600만 명의 유대인을 죽인 극악무도한 사람이라고 생각하고 재판에 갔더니만 옆집 아저씨 같은 너무나 평범한 용모에 자상한 아버지의 모습까지 보였고, 심지어 재판 내내 자신은 독일 장교이자 공무원으로서 히틀러를 비롯한 상관의 명령을 거절할 수가 없었기 때문에 유대인 학살에 책임이 없다고 말하는 것을 보고 느낀 점이었다. 악의 평범성은 자신의 행위가 어떤 심각한 결과를 초래할 수 있는지 책임 있는 사고를 하지 않는 무사고가 문제임을 지적한 것이지만, 그로 인해 아이히만의 극악무도한 학살에 대한 책임을 면제시킨 것이 아니냐는 비판에 직면하기도 했다.

2차 세계대전은 리더들에게 어떤 영향을 끼쳤을까?
간디는 1939년 히틀러가 폴란드를 침략하자 영국 측에 인도를 바로 독립시켜준다는 약속을 하면 영국에 협조하겠다는 뜻을 전한다. 그러나 영국의 입장이 모호한 데다가, 1차 세계대전 때 참전하면 독립을 보장해주겠다고 약속했던 것도 지키지 않았던 터라 1940년에 와서는 참전에 반대하는 입장을 취했다. 그래서 국민회의와의 관계가 어긋나버렸다. 하지만 인도 총독이 인도의 참전 문제에 대해 전혀 응답하지 않았기 때문에 국민회의는 다시 간디를 찾아가 국민회의 의장을 맡아달라고 부탁하고 그 이후부터 좀 더 단합된 모습을 보이게 된다.

처칠의 리더십은 2차 세계대전 중에 가장 빛이 났다. 미국이 참전하면서 루스벨트가 실질적인 2차 세계대전의 총사령관 역할을 함에 따라 처칠의 역할은 약해졌지만, 2차 세계대전 초기만 해도 연합국을 이끌었던 지도자는 처칠이었다. 2차 세계대전 초기에 히틀러와 맞서면서 처칠이 취했던 정치적 결단의 리더십은 그가 했던 "가끔은 벼랑 끝에 서라. 리더는 위협을 있는 그대로 평가하라. 가장 밑바닥에 최고의 가치를 두어라. 양심을 실천하라. 그들에게 당당히 맞서라. 고난을 기회로 받아들여라. 우선순위를 정하라. 절대로 굴복하지 마라. 뜻을 같이 할 사람들을 모아라. 때와 장소를 알고 분위기를 맞춰라. 승리를 선언하라." 등과 같은 말에서도 고스란히 드러난다.

스탈린은 2차 세계대전 초반까지만 해도 그다지 중요한 인물이 아니었다. 하지만 2차 세계대전 막바지에 이르러서는 가장 주목받는 리더로 급부상했다. 그렇게 되기까지는 여러 가지 이유가 있다. 스탈린의 경제정책에 힘입어 단기간에 산업화에 성공하면서 중공업 위주의 성장을 했던 소련은, 독소전쟁이 발발했을 때 군수물자들을 빠른 속도로 대량생산할 수 있는 시스템이 이미 마련돼 있었다. 게다가 1941년 12월 7일 일본의 진주만 기습공격으로 미국이 본격적으로 연합국 편에 서서 전쟁을 개시하면서 미국의 수많은 물자가 소련으로 들어왔던 것도 스탈린의 입장에서는 행운이었다.

전쟁 초기만 하더라도 스탈린은 히틀러처럼 작전을 일일이 지시하고 군사 업무에 수시로 간섭하는 모습을 보였는데, 자신의 적절하지 못한 지령으로 인해 몇 번의 고비를 넘긴 뒤 그때부터는 현장의 지휘관들에게 결정권을 위임했다. 몇 번의 쿠데타를 겪으며 타인을 신뢰하지 못하고 반대파를 숙청하는 독재자적인 면모를 보였던 스탈린으로서는 매우 파격적인 변화가 아닐 수 없었다. 소련이 독소전쟁 초기에 독일에 무기력하게 무너졌던 이유가 스탈린이 반대파를 숙청하면서 너무 많은 장교들이 희생되는 바람에 전쟁을 진두지휘할 인물이 한참 부족했기 때문이었는데, 리더십에 변화를 주면서 위기를 벗어날 수 있었다.

루스벨트는 1, 2차 뉴딜정책을 실시하면서 실업문제 해결이나 경제적 부흥에 성공하지 못했기 때문에 별로 인기가 없었는데, 2차 세계대전이 터지는 바람에 3선에 성공했다고 해도 과언이 아니다. 국가 위기 상황에서 리더를 바꿀 수는 없으므로 여론이 나빴지만 3선, 더 나아가 4선 대통령이 되었다. 4선 대통령은 미국 역사상 루스벨트 한 사람밖에 없다. 초대 대통령이었던 조지 워싱턴에게 3선을 하라는 제안이 있었지만 워싱턴 본인이 거부했다. 그 뒤로 재선까지만 하는 게 전통이 되었는데, 이런저런 상황과 맞물려 루스벨트가 4선 대통령까지 재임했다. 루스벨트가 죽고 난 뒤에는 3선 출마 금지법이 만들어져서 다시 미국 대통령은 재선까지만 할 수 있게 되었다.

2차 세세내선을 일으긴 주범이었던 히틀러는 결구 패색이 짙어지면서 자살로 생을 마감했다. 히틀러는 1차 세계대전에서의 패배로 피폐해질 대로 피폐해진 독일의 경제와 그로 인해 커다란 상심에 빠진 국민들을 다시 일으켜 세웠다는 점 때문에 독일 국민 대다수의 열렬한 지지를 받았다. 하지만 전 세계를 2차 세계대전이라는 참혹한 전쟁터로 불러모은 당사자라는 점, 홀로코스트라는 최악의 대학살을 저지른 당사자라는 점에서 가장 독재적이고 가장 파괴적인 리더로 역사에 남게 되었다.

제7장

종전, 그리고
제국주의의 해체

2차 세계대전은 그야말로 인류 역사상 가장 비참했던 전쟁이었다. 전쟁에 직접 참여했던 유럽, 미국, 소련, 일본에서도 엄청난 피해가 발생했지만, 가장 피해가 극심했던 곳은 역시 식민지였다.

2차 세계대전이 끝난 뒤 식민지 국가의 독립이 본격적으로 이루어졌다. 자연스럽게 제국주의도 해체됐다. 2차 세계대전이 끝나면서 간디는 인도 독립의 꿈을 이루었다. 처칠은 2차 세계대전이 끝나자마자 치러진 선거에서 패배하면서 수상 자리에서 물러났다. 스탈린은 세계 공산주의라는 목표에 더욱 매진했다. 루스벨트와 히틀러는 2차 세계대전의 종전을 보지 못하고 죽음을 맞이했다. 2차 세계대전은 과연 이들에게 무엇을 남겼을까?

통일된 인도를 바라던 꿈을 이루지 못하고 암살당한 간디

2차 세계대전이 끝나기 몇 년 전 인도는 어려운 시절이 계속됐다. 1943년 인도 동북부 벵골 지방에서 대기근이 발생해 300만 명에 가까운 사람들이 아사했다. 이 대기근의 원인이 1942년 겨울에 발생한 자연재해와 더불어 당시 영국 수상이었던 처칠에게 있다고 보는 견해가 있다. 처칠은 처음부터 끝까지 인도 독립에 반대했는데, 벵골 지방은 인도 독립을 아주 격렬하게 요구한 지역이었기 때문에 대기근을 일부러 초래하지 않았느냐 하는 의심을 하는 것이다. 아무튼 당시 벵골의 인구가 6,000만 명이었음을 감안하면 벵골 대기근이 얼마나 참혹한 일인지 알 수 있다.

처칠은 2차 세계대전이 끝난 뒤에도 인도의 독립을 계속 방해했다. 참전하면 독립을 시켜주겠다고 약속하여 인도군이 250만 명이나 참전했는데도 말이다. 게다가 인도가 독립한다 하더라도 인도와 파키스탄을 분리해 인도를 작은 나라로 만들고자 하는 음모를 꾸몄다.

사실 그전부터 인도 식민지에 대해서 영국은 항상 분리 정책을 취해왔다. 그것은 영국뿐만 아니라 일본, 프랑스도 모든 식민지 정책이 그랬다. 민족이 절대로 단결하지 못하도록 분리해야 식민지 지배가 더 수월해지기 때문이다.

인도의 카스트제도는 영국이 인도를 지배하기 전까지만 해도 그렇게 차별이 심각하지 않았다. 직업을 구분하는 정도의 의미였는데, 영국이 인도를 식민지로 지배하면서 카스트제도를 악용해 계급 구분이 엄격하게 나누어지도록 했다. 이 또한 분리 정책의 일환이었다.

계급뿐만 아니라 종교에서도 그랬다. 인도의 주류 종교가 힌두교와 이슬람교였는데, 이 두 종교를 철저히 분리시킨 게 영국이었다. 처칠은 1940년대부터 파키스탄 쪽의 무슬림 지도자였던 무함마드 알리 진나에게 비밀편지를 보내어 인도로부터 떨어져 나와 분리 독립을 하라는 지시까지 내렸다. 간디나 네루가 인도 건국의 아버지이듯이 진나는 파키스탄 건국의 아버지라는 평가를 받는 사람이다. 그런데 처칠은 진나의 형님이라고 할 만큼 파키스탄 분리 독립에 공헌했다.

진나는 계속 처칠과 비밀 교섭을 하면서 파키스탄의 독립을 도모했다. 당시 인도의 인구가 약 5억 명(추정)이었는데, 힌두교도가 4억 명인 반면 무슬림은 1억 명에 불과했다. 따라서 인도가 독

인도 내 무슬림들은 독립 후 힌두교도들의 지배를 두려워하여 이슬람교 국가의 분리 독립을 위해 노력했다. 이런 이유로 인도는 1947년 영국으로부터 독립한 뒤 힌두교도의 인도와 무슬림의 파키스탄으로 분리되고 말았다. 파키스탄은 독립 후에도 정치적 불안정이 계속되어 동·서 파키스탄으로 분리되었고, 1971년 동파키스탄이 방글라데시로 독립했다.

립하면 힌두교인 4억 명이 1억 명의 무슬림을 꼼짝 못하게 하고 힌두교도가 독재를 하리라고 우려했던 것이다.

영국이 인도를 지배한 약 2, 3백 년 동안, 그리고 그 이전에 무슬림이 세운 무굴제국이 인도를 지배한 역사까지 합치면 거의 7, 8백 년 동안 인도 어디에서나 힌두교도와 무슬림이 함께 살아가고 있었다. 그런데 이를 분리시킨다면 결국은 인도에 살고 있었던 무슬림들은 파키스탄 쪽으로 가야 되고, 파키스탄 쪽에 살고 있었던 힌두교도들은 인도 쪽으로 가야 하는 상황이었다. 그래서 차차 분리 독립이 확연해지자 힌두교도와 무슬림 간에 엄청난 투쟁과 갈등이 벌어지기 시작했다. 지금까지도 인도와 파키스탄은 원수지간인데, 그 원인이 바로 1946년 전후 인도와 파키스탄의 분리 과정에 있다고 보면 된다.

결국 처음부터 끝까지 분리된 인도가 아니라 통일된 인도를 추구했던 간디의 꿈은 이뤄지지 않았다. 2차 세계대전이 끝난 뒤 영국은 제헌의회를 구성해 제헌 헌법을 만들고 선거를 해서 인도 독립을 하자고 제의했으나 인도 국민회의도, 무슬림연맹도 그것을 거부했다. 결국 1947년 8월 15일 인도는 그토록 바라던 독립을 이루었으나, 파키스탄 지역에 진나를 중심으로 무슬림들이 별도의 국가를 세우면서 분리되고 말았다. 1947년이면 간디는 78세였고, 인도인들의 평균수명에 비하면 상노인 중에 상노인이었다.

인도의 독립운동사를 살펴볼 때 간디, 네루 외에 또 한 명의 중요한 인물이 있다. 바로 찬드라 보스다. 인도에서는 간디, 네루와 함께 보스를 3대 독립운동가라고 한다. 보스는 간디와는 완전히 다른 양상의 독립운동을 전개하고자 했다. 비폭력운동이 매우 위대하기는 하지만 현실과 맞지 않다고 생각한 것이다. 그래서 일본이 싱가포르를 점령을 했을 때 일본의 힘을 빌려 무력으로 영국을 인도 땅에서 축출시키고자 했다. 이를 위해 싱가포르에 인도 임시정부를 세우고 영국군이 되어 일본군과 싸우다가 포로가 된 인도인 4만 5,000여 명으로 인도 국민군을 조직해 인도에 가서 영국 군을 물리치고 인도를 독립시킨다는 계획을 세웠다. 그러나 그 계획은 실행되진 않았다.

인도의 분리를 끝까지 반대했던 간디는 1946년 연말부터 힌두교도와 무슬림 사이의 분쟁을 해결하기 위해 분쟁이 가장 격심했던 인도 북부 지방으로 가서 연설도 하고 사람들을 만나는 활동을 벌였다. 하지만 간디의 노력에도 불구하고 1947년 인도 국민회의가 다수결로 분단을 결정하자, 그 직후 간디는 73시간의 단식을 했다.

이어 1948년 1월에도 힌두교도와 무슬림 사이의 투쟁을 종식시키기 위한 평화 단식을 했는데, 평화협정이 맺어지면서 단식을 중단했다. 그것이 간디의 마지막 단식이었다. 며칠 뒤인 1월 30일 저녁 5시에 기도를 하러 나오다가 RSS 단원인 나트람 고드세에 의해 암살당하고 만 것이다. RSS는 간디가 주도하는 비폭력투쟁이라는 온건한 전략에 불만을 품은 과격파들이 만든 힌두교 민족주의 단체다. 당시 인도 델리의 인구가 170만 명이었는데, 간디의 장례식에 참여한 인원은 200만 명이었다고 한다.

선거에서 패배했다가 다시 정권을 잡은 처칠

아마 처칠이 전후 총선에서 승리했더라면 인도의 분리 독립조차도 불가능했을지 모른다. 사실 처칠은 인도 총독에게 인도와 파키스탄 2개 나라로 나누어 독립시킬 것이 아니라 5, 6개로 나눠서 독립시켜야 된다고 주장했다. 당시 영국에서 인도로 파견된 레오 아메리 국무장관이 자신의 일기에 인도 문제에 관한 한 처칠이 제 정신이 아니었다고 쓸 정도였다.

처칠이 이렇게 집착에 가깝게 인도 독립을 유난히 반대한 데 는 특별한 이유가 있었다. 대영제국의 식민지를 대표하는 인도가 독립하면 다른 식민지도 독립을 요구하여 결국 대영제국이 무너 지고 말 것이라고 우려한 탓이었다.

다행히도 1945년 2차 세계대전이 끝나자 영국 국민들은 처칠 을 더 이상 믿지 않고 노동당에게 정부를 맡겼다. 노동당에게 정권 을 뺏기고 난 뒤 6년 동안 처칠은 야당 지도자로서 노동당을 지지 하는 노동자들에게 호감을 주는 선거 전략을 짰다. 또 1946년 3월 에는 미국을 방문하여 "발트해의 슈체친에서부터 아드리아해의 트리에스테에 이르기까지 대륙을 횡단하여 '철의 장막'이 드리워 져 있다."는 유명한 연설을 해서 구소련을 비롯한 공산권의 폐쇄적 인 대외정책을 꼬집기도 했다.

1951년에는 다시 정권을 잡고 1955년까지 4년 동안 한 번 더 수상 자리에 오른다. 이때 이미 처칠은 80세에 가까워졌기 때문에 당시 여왕이었던 엘리자베스 2세를 비롯해서 많은 영국인들이 처 칠에게 그만두라고 간곡하게 청을 했음에도 불구하고 처칠은 말 을 듣지 않았다.

1953년에는 《제2차 세계대전 회고록》이라는 작품으로 노벨 문학상을 받았다. 2차 세계대전을 연합국의 승리로 이끈 정치인 처칠이 노벨 평화상을 받았다고 하면 이해가 되는데 노벨 문학상을 받은 것은 이색적이다. 그런데 처칠은 유명한 정치인이었지만 한편으로 유명한 작가이기도 했다. 그는 평생 책을 써서 많은 돈을 번 사람이었다. 처칠이 금수저이기는 했지만 물려받은 재산으로 부유하게 산 것이 아니라 자신이 쓴 책의 인세로 부유하게 살았다. 차트웰에 있는 100만 평이 넘는 거대한 저택도 자신의 인세로 산 것이다.

정치인으로서도 작가로서도 성공적인 삶을 산 처칠이었지만 평생을 우울증과 힘겹게 싸워야 했다. 처칠의 우울증은 집안 내력이었다. 할아버지와 아버지도 그랬고, 자녀들도 우울증을 앓았다. 우울증을 이겨내기 위해 말년에 그림과 집필에 몰두했던 처칠은 1965년, 91세에 사망한다.

제국주의자 처칠의 꿈은 사라졌지만 대영제국의 후신인 영연방Commonwealth of Nations이 지금도 남아 있다. 영연방 또는 영국연방은 영국을 중심으로 옛 영국 식민지 출신 52개국이 결성한 국제기구를 말한다. 그러나 영연방은 하나의 연방 국가가 아니고 국가연합Confederation에 가까운 성질의 국제기구여서 대만에서는 대영국협大英國協으로 번역하기도 한다.

사후 격하 운동에 휘말린 스탈린

소련은 2차 세계대전의 승전국이었지만 2차 세계대전에 의한 경제적인 타격이 막대했다. 약 2,000만 명 이상이 죽었고 2,500만 명의 사람들은 삶의 터전을 잃었다. 6만 5,000킬로미터의 철도와 3만 2,000여 개의 공장이 사라졌으며 1,700여 도시와 작은 마을, 7만 이상의 촌락, 3만 2,000개의 공장, 6만 5,000킬로미터의 철도가 파괴됐다. 소련의 집단농장 체계인 콜호스와 소프호스는 10만 개가 파괴됐다.

세다가 전쟁이 끝난 뒤에는 미국을 위시한 서방국가와 적대 관계로 변했다. 2차 세계대전이 벌어지는 동안 소련은 연합국 편에 서서 추축국에 맞서 싸웠으나 전후 세계 재편성을 놓고 이견을 보였다. 소련은 자신들이 점령한 유럽 국가 중에서 일부를 소련에 병합하기를 원했다. 그리고 나머지 지역도 공산권 국가를 만들려고 했다. 그러자 미국과 서유럽 국가들은 소련의 전체주의와 공산주의를 봉쇄하기 위해 북대서양조약기구NATO를 만들었다. 그러자 곧 소련의 영향권에 있던 동유럽 8개국은 바르샤바조약기구WTO를 체결하여 이에 맞섰다.

경제적인 타격은 1946년부터 실시된 제4차 경제개발 5개년 계획과 1951년부터 실시된 제5차 경제개발 5개년 계획 덕분에 빠른 속도로 회복됐다. 이때 소련의 경제성장 속도는 서방국가 경제성장 속도의 2배를 뛰어넘는 것이었다. 이러한 분위기 속에 스탈린은 1945년 소련의 총리에 재선출됐고, 1945년 6월 27일에는 소련군 내원수에 취임하여 소련군의 최고사령관이 되었다.

1945년과 1948년에는 노벨 평화상 후보가 되기도 했다. 독재자의 전형적인 모습을 보였던 스탈린이 노벨 평화상 후보에 올랐다고 하니 좀 이해가 되지 않을 것이다. 그러나 사실 독재자로 유명했던 히틀러나 무솔리니도 노벨 평화상 후보에 오른 적이 있다. 심지어는 우리나라의 11대, 12대 대통령이었던 전두환도 1988년에 노벨 평화상 후보에 추천된 적이 있다. 그러니 스탈린이 노벨 평화상 후보로 오른 것은 대단히 이례적인 일은 아니었다. 참고로 인도의 간디는 5번이나 노벨 평화상 후보에 올랐다가 1948년 수상 예정이었는데, 그해 암살당함으로써 1948년의 수상자는 공석이 되고 말았다.

전후 세계 공산주의라는 목표를 추진한 스탈린에 대해 1948년 유고슬라비아의 대통령 티토가 반발했다. 티토가 소련의 내정간섭을 반대하자 소련은 코민포름에서 유고슬라비아를 축출했다. 원래 코민포름의 본부가 유고슬라비아의 수도인 베오그라드에 있었는데, 이때 이후로 본부도 루마니아의 부쿠레슈티로 옮겼다. 또한 티토의 영향을 받은 다른 나라가 분리 독립에 나설 것을 염려한 스탈린은 1930년대 대숙청 때 그랬던 것처럼 조작을 통해 위성국 지도자들이 스스로 티토주의자임을 자백하게 하여 재판에 회부하고 처형했다.

우리나라의 6·25 전쟁에도 관여했던 스탈린은 1953년 3월 5일 사망했다. 스탈린은 평생 사적으로 뇌물을 받거나 축재를 하지 않은 청렴한 생활로 존경을 받기도 했다. 그러나 그가 저질렀던 잔인한 대숙청, 그리고 고도의 산업화와 도시화를 이루는 과정에서 무참하게 국민들의 인권을 짓밟았던 독재자적인 면모는 오늘날 비판의 대상이 되고 있다.

살아생전 이루어졌던 과도한 우상화 작업도 손가락질을 당하고 있는 형편이다. 곳곳에 스탈린의 동상과 흉상과 초상화가 즐비했고 스탈린그라드, 스탈린스크, 스탈리노고르스크, 스탈리노그라드, 스탈리니시, 스탈리나오울 등과 같이 스탈린의 이름을 딴 지명이 대거 생겨날 정도였다.

그러나 그가 사망하고 3년 뒤인 1956년 제20차 소련공산당 전당대회에서 스탈린의 뒤를 이어 서기장이 된 흐루쇼프가 전임자였던 스탈린의 독단적인 정책과 범죄에 대해 낱낱이 고발하면서 스탈린 격하 운동이 벌어졌다. 1991년 소련 붕괴 이후에는 스탈린에 대한 국민들의 평가가 영웅에서 독재자로 더욱 격하됐다.

우리나라 분단에 막강한 영향력을 끼친 루스벨트

2차 세계대전에서 연합국의 리더 역할을 했던 루스벨트는 종전을 맞이하지 못하고 1945년 4월 12일 사망했다. 당연히 2차 세계대전 이후 어떤 역할을 했는지 논할 만한 것이 없다. 그래서 사망 전에 루스벨트의 행보가 종전 후 우리나라 분단 과정에 어떤 영향을 끼쳤는지를 중심으로 루스벨트 편을 채우고자 한다.

한반도 문제를 처음으로 다룬 국제회의는 1943년 3월에 루스벨트가 워싱턴에서 당시 영국 외무장관이었던 앤서니 이든을 만나 한국의 독립 문제를 논의한 것이었다. 루스벨트는 미국과 소련과 중국 3국이 신탁통치를 하자고 주장했고, 이에 대해 이든은 호의적으로 반응했다.

사실 루스벨트는 2차 세계대전 전부터 신탁을 주장해왔다. 신탁을 주장한 이유는 당시 정세로 봐서 한반도를 바로 독립시키면 좌익 정권이 수립될 것 같았기 때문이었다. 즉 좌익 정권의 수립을 막고 친미 정권을 수립하기 위해서는 신탁통치가 필요하다고 생각했다. 반면 처칠은 식민지를 독립시키면 인도 독립을 고취할 우려가 있기 때문에 한반도를 독립시키지 말자고 부정적으로 반응했다.

이어 1943년 11월 22일부터 26일까지 루스벨트와 처칠, 그리고 중국의 장제스가 만나 카이로회담을 열었다. 카이로회담은 우리의 독립운동사에 있어 익숙한 회담이다. 이 회의가 열리기 전 김구가 장제스를 만나 한국의 독립을 요구했고 장제스도 한국의 독립에 호의적이었다. 장제스가 우리나라의 독립에 호의적이었던 이유는 한반도에 대한 종주국 의식 같은 게 여전히 남아 있었던 탓이다. 한국 독립에 대해 호의적이었던 장제스의 도움으로 카이로 선언문 3항에 한반도를 적당한 시기에 독립시킨다는 규정이 포함되었다. 그런데 '적당한 시기'라는 애매한 규정이 나중에 신탁 문제와 어떻게 관련되는가 하는 것에 대해 논쟁이 된다.

카이로회담이 끝나고 6일 뒤 테헤란에서는 장제스 대신 스탈린이 참여해 루스벨트와 처칠, 스탈린이 3국 정상회담을 했다. 그때 루스벨트가 한반도의 신탁 기간, 말하자면 한반도의 독립을 위한 준비 기간 또는 수습 기간이 40년 필요하다고 주장한다. 35년 동안 일제강점기를 경험했는데 다시 40년간 신탁 기간을 둔다는 말도 안 되는 제안을 루스벨트가 스탈린에게 했고, 스탈린도 구두로 그렇게 하자고 답했다. 참으로 어처구니없는 이야기들이 오간 것이다.

루스벨트는 당시 필리핀을 의식했다. 1898년부터 필리핀을 지배한 미국은 필리핀을 식민지가 아니라 신탁통치로 지배했고, 루스벨트는 1934년 필리핀독립법을 제정한 뒤 이듬해 필리핀에 자치령 연방정부를 인정했다.

루스벨트가 죽고 난 뒤 1945년 7월 26일 2차 세계대전 전후 처리 문제를 의논하기 위해 포츠담회담이 열렸다. 당시 독일은 항복을 선언했지만 일본은 여전히 태평양을 사이에 두고 미국과 전쟁을 벌이고 있었다. 이 회담에는 루스벨트 뒤를 이어 미국의 대통령이 된 트루먼과 영국의 처칠, 그리고 소련의 스탈린이 참석한다. 그런데 포츠담회담에서 트루먼이 공산주의를 대표하는 소련의 스

1945년 7월, 트루먼 미국 대통령, 처칠 영국 총리(회담 도중 총리가 바뀌면서 애틀리 총리가 참석), 스탈린 소련 공산당 서기장이 2차 세계대전 전후 처리 문제를 의논하기 위해 독일의 포츠담에 모여 회담을 개최했다. 이후 일본에 포츠담선언을 수락할 것을 요구했으나 일본이 거절하자 미국은 일본에 원자폭탄을 투하했다.

탈린보다 영국의 처칠을 더 경계하고 비난하는 일이 벌어졌다. 구제국과 신제국의 대결장이었다고 할 수도 있고, 처칠이 대영 제국주의자로서 거드름을 피웠기 때문에 트루먼이 냉대했다고 보는 견해도 있다. 2차 세계대전 중 처칠이 끊임없이 루스벨트에게 도와달라고 요청했지만 루스벨트가 처칠을 끊임없이 경계한 이유도 거기에 있었다.

포츠담회담을 통해 채택된 포츠담선언을 발표하며 일본에 항복을 요구했지만 일본이 듣지 않자 8월 6일 오전 히로시마에, 8월 9일 오전 나가사키에 각각 원자폭탄이 투하된다. 그리고 8월 15일 일본이 항복한다. 일본이 항복하기 직전인 8월 9일 소련은 일본에 선전포고를 했는데, 그로 인해 소련이 결국 한반도 북쪽을 점령하게 된다. 소련군은 전쟁 초기에 웅기, 나진, 청진 등에서 일본군과 치열한 전투를 벌였을 뿐 나머지 북한 지역에서는 일본군의 저항 없이 평양에 입성했다.

만약 일본이 히로시마에 원자폭탄이 투하된 직후, 그러니까 소련이 일본에 선전포고했던 8월 9일 이전에 항복했더라면 소련이 북한에 입성하는 일도 없었을 것이다. 그래서 이것이 한반도 분단의 결정적인 원인이 되었다고 보는 시각이 지배적이다.

지하벙커에서 자살한 히틀러, 그리고 재판에 회부된 전범들

히틀러는 2차 세계대전이 끝나기 전 자살로 생을 마감했다. 히틀러가 자살함과 동시에 말도 안 되는 이유로 학살당해야 했던 600만 명의 유대인과 200만 명의 소련 포로, 또한 그 수를 가늠할 수도 없는 장애인과 동성애자와 집시와 동유럽 슬라브인들의 죽음의 행군도 막을 내렸다.

종전 전에 죽음을 택했으므로 히틀러 역시 전후 처리 과정에 관여한 바가 없다. 그래서 히틀러 편에서는 종전 후 독일의 전범들이 어떤 최후를 맞이했는지 중심으로 이야기를 하고자 한다.

1945년 독일의 뉘른베르크에서는 전범 재판이 열렸다. 1935년 유대인 말살을 위해 '뉘른베르크인종법'이 만들어진 그 도시였다. 전범과 유대인 학살 관련자들을 기소하여 재판을 했는데, 헤르만 괴링 등을 비롯한 1급 전범 12명에 대해 사형을 판결했다. 또한 유대인 학살에 관련된 의사, 관료, 법률가 중 25명에게 사형을 판결했다. 전범들 중에는 해외로 망명한 사람도 다수 있었다.

일본은 사실상 전쟁이 끝난 뒤 전범에 해당되는 사람들이 계속 정권을 잡았다. 그러나 독일은 전쟁이 끝나고 난 뒤 나치당원들을 철두철미 처형했고, 시간이 한참 지난 지금까지도 나치 참여 경력이 있으면 재판을 해서 처벌한다. 거의 90세, 100세가 다 되어가도 예외는 없다.

이처럼 독일에서는 나치의 잔재를 지우려고 하는 노력을 해왔고, 2차 세계대전 동안에 벌어졌던 만행에 대해 끊임없이 사죄하고 있다. 반면 일본은 전혀 그렇지 않다. 일본에서도 전쟁이 끝난 뒤 전범들 몇 명이 처형당했지만 당시 정치인들이나 관료들, 심지어 군인들마저도 대부분 생존했다. 그리고 그들이 해방 후 일본 정치를 그대로 이끌어나갔기 때문에 지금까지도 전쟁에 대한 책임을 지려는 노력을 하지 않고 있다. 자민당이라고 하는, 일본에서 가장 오랜 역사를 가진 일본의 집권당이 사실은 전쟁에 대한 책임을 져야 할 사람들로 구성되어 있다 해도 과언이 아닐 정도다.

하지만 독일에서도 최근 네오나치가 등장해 문제가 되고 있

독일의 나치는 다하우 수용소와 작센하우젠 수용소를 보완하기 위하여 1937년 독일의 바이마르 근교에 부헨발트 수용소를 세웠다. 부헨발트 수용소는 의학적 생체실험이 이루어지는 것으로 악명 높았다.

다. 특히 2017년 총선에서 네오나치를 대표하는 '독일을 위한 대안'이라고 하는 정당이 13퍼센트에 가까운 지지율을 얻어 세상을 깜짝 놀라게 했다. 그래서 제3원내교섭단체로 부상했는데, 독일에서는 그래도 여전히 나치를 찬양하는 행위에 대해서는 철저히 처벌하고 있다. 반면 일본은 욱일기를 올림픽에 사용하겠다고 해서 문제가 되었다.

독일에서는 전범이나 전쟁 책임에 대해서 끊임없이 사과하고 배상해왔지만 아프리카에서 식민지로 차지했던 나라들, 특히 나미비아 같은 나라에 대해서는 침묵하고 있다. 독일은 영국이나 프랑스보다 식민지 전쟁에 늦게 뛰어들었기 때문에 아프리카에 나미비아를 비롯해 몇 개의 지역밖에 지배하지 못했다. 그런데 아프리카 식민지에 대해서만큼은 독일도 영국이나 일본과 같은 입장을 고수하고 있다. 나치 시대에 유대인만큼은 아니지만 아프리카의 흑인들에 대한 학살을 저지른 역사적인 기록이 있음에도 불구하고 그런 문제에 대해서는 책임을 회피하고 있다.

5인의 리더는 우리나라와 어떤 인연이 있을까?

마지막으로 5명의 리더와 우리나라가 과거부터 지금까지 어떻게 연결되는지를 정리해보려고 한다. 가장 먼저 루스벨트 대통령의 먼 친척이자 미국의 26대 대통령(1901년~1909년)이었던 시어도어 루스벨트에 대한 이야기부터 시작하겠다.

1905년 시어도어 루스벨트의 딸이 우리나라를 방문하는 일이 있었다. 그때의 영상을 보면 미국의 공주님이 오셨다 해서 성조기를 흔드는 장면을 볼 수 있다. 우리 국민들이 성조기를 흔드는 일이 그때가 처음일 듯싶다. 고종은 미국의 힘을 빌려 일본을 막아보고자 했기 때문에 시어도어 루스벨트의 딸이 오는 것을 대대적으로 환영하면서 성대한 파티를 열기도 했다. 그런데 사실은 미국하고 일본은 이미 시어도어 루스벨트의 딸이 우리나라를 방문하기

미국 러시모어 산에 있는 미국의 위대한 대통령 4인의 조각상이다. 왼쪽부터 미국 초대 대통령 조지 워싱턴, 미국 독립선언문을 기안한 토머스 제퍼슨, 미국의 위상을 세계적으로 올려놓은 시어도어 루스벨트, 남북전쟁 당시 북군을 승리로 이끈 에이브러햄 링컨이 위치하고 있다.

두 달 전에 가쓰라-태프트 밀약을 맺어 미국은 필리핀을 차지하고 일본은 우리나라를 차지하는 것에 대해 서로가 동의했다. 당시의 우리 정부가 그만큼 국제 정세에 어두웠던 것이다.

　참고로 시어도어 루스벨트가 어떤 사람인지 논하자면, 내정은 진보적이면서 외정은 대단히 제국주의적인 면모를 보였던 대통령이었다고 할 수 있다. 게다가 그는 극단적인 인종차별주의자이기도 했다. 그래서 히틀러가 시어도어 루스벨트를 제일 존경한다고 공개적으로《나의 투쟁》에 쓰기도 했다. 사실 당시 제국주의 국가의 지도자들은 대부분 다 그랬다.

하와이를 미국의 마지막 주로 편입시킨 사람도 바로 시어도어 루스벨트였다. 당시 미국 정부는 하와이 편입을 굉장히 주저했는데, 시어도어 루스벨트가 하와이를 미국에 편입시키지 않는 것은 백인의 문명화 사명에 역행하는 범죄라고 비난하면서 밀어붙였다고 한다. 1906년 필리핀에서 벌어진 모로 학살사건도 시어도어 루스벨트의 재임기간에 벌어진 일이었다.

당시 미국의 지식인들 중에서《허클베리 핀의 모험》이라든가《톰 소여의 모험》같은 명작을 쓴 마크 트웨인이 시어도어 루스벨트의 식민정책을 엄청나게 비난했다. 마크 트웨인은 미국의 제국주의를 비판한《전쟁을 위한 기도》라는 책을 쓰기도 했는데, 마크 트웨인이 살아 있을 때는 출판되지 못하다가 1992년이 되어서야 출판되었을 정도로 미국 사람들 역시 여전히 제국주의적인 근성을 가지고 있다.

간디는 이미 1920년대 후반부터 우리나라에 널리 알려지기 시작했고, 그 영향을 받아 조만식이 1923년부터 조선물산장려운동을 하기도 했다. 김성수 동아일보 사장은 1926년에 간디에게 편지를 보내기도 했다. 그 편지가《간디 전집》에도 나온다.《간디 전집》은 100권으로 이루어져 있는데, 그 방대한 내용 중에 코리아라고 하는 목록을 찾아보면 딱 한 장이 나온다. 바로 1926년에 김성

수가 간디에게 보낸 편지와 간디의 답장이다. 김성수가 한민족도 일본의 지배를 받고 있는데 독립을 위해 우리에게 충고의 말을 해 달라고 요청하자 간디는 간단하게 비폭력적으로 하라고 충고했다. 그것이 일제강점기 35년 동안에 우리나라 사람과 간디 간의 유일한 교섭이었다. 동아일보를 비롯한 언론을 통해 1930년부터 간디의 소금투쟁 이야기가 우리나라에 알려지기도 했다.

한편 40년 신탁통치 운운한 루스벨트는 우리에게 고마운 사람이 아니다. 한반도의 반을 소련이 점령하게 한 책임이 루스벨트에게 있다고 말하는 학자들도 있다. 2차 세계대전의 패전국인 독일이 분단된 것처럼 또 다른 패전국인 일본도 분단되어야 했거늘, 일본이 분단되지 않고 한반도가 분단되는 일이 발생하고 말았다. 그런데 그렇게 했던 이유가 일본을 미군의 전초 군사기지로 삼아 소련을 경계하기 위함이었다고 판단하는 것이다.

어쨌든 미국, 소련, 영국의 외무장관이 모스크바 3상회의를 열어 '한국에 임시정부를 먼저 수립하며, 이를 위해 미국과 소련이 공동위원회를 설치하고, 한국에 대한 미국·영국·중국·소련의 신탁통치(5년 이내)를 임시정부와 협의해 실시한다'고 결정했다. 이에 대해 동아일보가 모스크바 3상회의에서 미국은 즉시 독립, 소련은 신탁통치를 주장했다는 보도를 했는데, 후에 신탁통치를 먼저 제안한 것은 미국이라는 사실이 밝혀지면서 오보였음이 판명 났다.

어쨌든 3년 동안 남북한 각각 미군과 소련군이 점령하는 과정을 겪은 뒤 1948년 8월 15일 남한에 대한민국 정부가 수립됐다. 1948년 9월 9일에는 북한에 조선민주주의인민공화국 정부가 수립됐다.

1945년 가을에 우리나라 최초의 여론조사가 실시됐는데, 미국식 자본주의와 소련식 공산주의와 유럽식 사회민주주의 중에서 어떤 것을 선호하느냐에 대한 것이었다. 그런데 당시 우리나라 사람들은 38도선 아래를 점령했던 미국의 자본주의도 싫어하고 38도선 위를 점령했던 소련의 공산주의도 싫어했다. 당시 우리나라 사람들은 유럽형 사회민주주의를 선호하는 경향이 있었다. 우리나라에서 1948년에 최초의 헌법을 만들 때 독일의 바이마르헌법에 근거하여 만들었는데, 그것은 바로 1945년부터 1948년까지 우리나라 사람들의 여론을 반영한 것이었다.

이 시기에 히틀러는 우리나라에 끼친 직접적인 영향이 없으나, 1930년대 일본이 영국과 미국은 '귀축'이라는 표현까지 써가면서 강력하게 비난한 데 반해 동맹 관계였던 독일과 이탈리아에 대해서는 매우 좋게 선전하면서 자연스럽게 히틀러에 대한 긍정적인 분위기가 조성됐다. 그래서 1930년대에 이미 히틀러의《나의 투쟁》을 비롯해 나치 관련 서적들이 한반도에서 학생들에게까지 읽혔다. 박정희도 대구사범학교를 다니던 10대 시절에 히틀러의 《나의 투쟁》은 물론, 히틀러와 관련된 책을 열심히 읽었다는 친구들의 증언이 남아 있다. 그래서인지 몰라도 고속도로를 만들고 자

동차 산업을 육성시키고 포항제철 등을 만들어 공업 경제정책을
실시한 것 등이 히틀러가 독일을 부흥시킬 때 실시했던 정책들과
많이 닮아 있다.

제8장

리더들의
문제적 사생활

리더들에게도 평범한 사생활이 있었다. 처칠의 취미는 그림 그리기였고 스탈린의 취미는 영화 감상이었다. 루스벨트는 우표 수집이 취미였으며 수다도 즐겼다. 히틀러는 오페라 감상을 좋아했다. 간디는 별다른 취미가 없었지만 명상을 많이 했다.

이처럼 아주 평범한 사생활도 있었지만 문제적 사생활도 분명 있었다. 이번 장에서는 세상에 널리 알려진 리더로서의 삶 뒤에 감춰져 있던 문제적 사생활을 들춰보겠다. 공적인 차원에서 리더로서의 업적이나 활동을 이해하는 데 사생활 부분도 빼놓을 수는 없기 때문이다.

37세에 평생 아내와 성관계를 하지 않겠다고 선언한 간디

간디는 13세 때 결혼하고 부모는 물론 조부모, 삼촌과 사촌까지 대가족이 다 함께 모여 살았다. 그것이 인도의 전통적인 집안의 풍습이었다. 간디 아내인 카스트루바의 생가는 간디 생가에서 걸어서 열 걸음도 안 되는 곳에 있는데, 간디 집안보다 카스트루바 집안이 훨씬 더 잘살았다고 한다. 지금도 그 두 집이 남아 있다.

간디는 영국으로 유학갔을 때는 물론이고 남아프리카에서의 유학 생활 초반만 하더라도 독신 생활을 했다. 그러다가 20대에 남아프리카에 가족을 데리고 갔는데, 그때도 피닉스농장이나 톨스토이농장 같은 걸 만들어 공적인 생활을 했기 때문에 가정생활에 충실하지 못했다.

게다가 인도로 돌아온 뒤에는 아쉬람이라고 하는 공동체 생활을 했다. 아쉬람은 함께 모여살며 자급자족하는 공동체로, 간디를 비롯해 20, 30명에서 많게는 50, 60명까지 되는 사람들이 함께 농

사바르마띠 아쉬람은 간디가 머무르며 독립운동 본부로 삼았던 곳이어서 '간디 아쉬람'이라고 불리기도 한다. 이곳은 1930년 3월 12일 시작된 소금투쟁의 출발지이기도 하다.

사를 짓고 식사를 했다. 한마디로 간디는 그다지 가정적인 사람이 아니었다. 주로 공동체 생활을 했으므로 개인적인 가정생활을 거의 희생했다고 보면 된다.

그럼에도 불구하고 간디의 사랑은 아주 훌륭한 리더다운 사랑, 흔히 말하는 세기의 로맨스라는 식으로 아름답게 묘사된다. 인도에서 나온 책들을 보면 간디 부부가 성스러운 부부관계를 유지한 듯하지만 반드시 그런 것은 아니었다.

그들은 13세 때 결혼하여 이런저런 우여곡절을 넘어선 뒤 죽을 때까지 해로했다. 그런데 《간디 자서전》을 보면 지금의 성평등 차원에서 보기에 눈살이 찌푸려질 만한 내용이 많이 나온다. 카스트루바가 글도 모르고 너무 무식해서 아무리 열심히 가르쳐도 제대로 하지 못한다는 식으로 아내를 경멸하는 듯한 이야기를 자주 한다.

공동체 생활을 하던 와중에 아내에게 화장실 청소를 하라고 하자 아내가 그것은 불가촉천민이나 하는 거라고 하면서 거부하는 내용도 등장한다. 간디가 남편인 나도 하는데 왜 못하냐고 하자 아내는 내가 화장실 청소하러 남아프리카까지 왔냐고 반항한다. 그러자 간디가 "나가!"라고 고함을 질렀고 아내는 "내가 어디 갈 데 있냐!"라고 맞서는 부분도 나온다. 간디 말에 의하면 아내가 무식하긴 한데 한편으로는 개성이 강했던 것 같다. 그래서 간디가 젊을 때부터 질투도 하고 어떻게든 아내를 자신의 소유물처럼 만들려고 노력했다고 한다. 당연히 개성 강한 카스트루바는 끝까지 저항을 했다.

아들 넷을 낳고 난 뒤 37세가 된 간디는 앞으로 아내와 평생 성관계를 하지 않겠다고 선언한다. 그런 내용을 꼭 그렇게 공개적으로 선언할 필요가 있는지 모르겠는데, 아무튼 자서전에는 아내의 의사와 관계없이 간디 혼자 선언한 것처럼 써놨다.

간디가 죽기 직전에 10대 초반의 손녀 둘하고 나체로 동침을

한 사실을 두고는 뒷말들이 많다. 간디를 변태성욕자나 소아성욕자로 보는 시각도 있었고, 왜 늙어서 노망이냐고 거칠게 지적하는 사람도 있었다. 하지만 간디는 그것을 비밀로 하지 않고 자신이 70세가 다 되어가는데도 아직까지 성적인 욕망을 다 못 버렸기 때문에 그것을 이겨내는 단련을 하고 싶다고 친구들이나 제자들에게 공개적으로 말했다. 그의 말대로라면 그것은 일종의 금욕법이지 회춘법이 아니었다.

실제로 성행위는 없었다. 간디는 37세 때 아내와의 성관계를 끊고 난 뒤 죽을 때까지 성관계를 하지 않았다. 또한 두 손녀에게도 사전에 동의를 구한 부분이었다. 말년에 약간 신체가 불편해진 간디를 마지막까지 부축한 사람도 바로 그 두 손녀였다. 두 손녀의 일기장이 최근 공개돼 여러 사람들의 궁금증을 불러일으켰는데, 간디가 변태성욕자라든가 소아성욕자 같은 것은 아니었다.

아내와의 관계에서도 그렇지만 장남과의 관계에서도 사연이 참 많다. 간디에게는 4명의 아들이 있었는데, 그중에 장남 하릴랄 간디는 한마디로 아버지 얼굴에 먹칠을 하는 존재였다. 아버지에게 사사건건 맞서고 반대한 것도 모자라 힌두교의 상징인 아버지가 싫어서 이슬람교로 개종하고 무슬림 여자와 재혼도 했다. 간디를 믿고서 장남에게 돈을 빌려주거나 함께 사업을 했던 사람들이 번번이 사기를 당하기도 했다.

그래서 간디는 평생을 장남 때문에 골치 아파했다. 20대가 되어도 정신을 차리지 못하는 모습을 보고는 신문에다가 자기 아들은 사기꾼이고 아들이 18세기 지난 뒤에는 책임질 수가 없으니 아들한테 당하지 말라고 쓸 정도였다.

　이런 일화도 있다. 어느 돈 많은 사업가가 간디 아들들을 위해서 장학금을 주겠다고 하며 큰돈을 내놓았는데, 간디는 아들들을 위해서 장학금을 쓰지 않고 다른 집의 공부 잘하는 아이들을 영국 유학 보내는 데 썼다. 그것을 안 장남은 이해할 수 없다는 반응을 보이며 자신들을 위한 장학금인데 왜 남에게 선뜻 내주냐고 불만을 토로했다. 그러자 간디는 너는 능력이 없다는 말로 그것을 일축했다. 이와 같이 간디가 모든 인도인이 내 아들이라는 식으로 처신하니까 장남이 불행한 삶을 살게 되었다고 보는 영화도 있다.

　간디의 네 아들은 모두 학교에 다니지 않았다. 간디는 자신의 학교교육 경험을 토대로 네 아들에게 홈스쿨링을 시켰다. 그런데 나머지 세 아들은 간디가 하던 신문 사업도 이어받고 간디의 비폭력 저항운동에도 동참했다. 유독 장남만이 비뚤어진 삶을 살았다. 결국 장남은 간디가 죽은 뒤에 알코올중독자로 굶어 죽는다.

　간디는 채식주의자에, 평생 밤 9시 30분에 자고 반드시 새벽 4시에 일어나 하루 2번 산책을 했다. 그리고 월요일은 말을 하지 않았다. 간디의 월요일은 침묵의 날이었다. 평생 가계부를 쓴 것으로도 유명한데, 몽당연필로 꼬박꼬박 가계부를 썼다고 한다. 철두철미 무소유를 주장했던 간디는 거의 아무것도 안 입는 패션, 즉 벗는 패션의 대가였다. 이를 두고 간디가 거의 아무것도 입지 않은 것이 인도 민중의 마음을 사로잡기 위한 패션 정치의 일환이었다고 이야기하는 사람들도 있다.

평생을 우울증, 알코올중독과 싸운 처칠

차트웰에 있는 처칠의 집은 현재 공원으로 조성되었다. 영국에서는 귀족들의 저택이 대부분 문화유산 보존 자선단체인 내셔널트러스트를 통해 모든 사람들이 함께 이용하는 공원으로 관리되고 있다. 나도 일전에 차트웰을 방문한 적이 있는데 그렇게 넓은 잔디밭을 평생 처음 봤다. 처칠은 이곳에서 많게는 30명에서 40명, 아무리 적어도 10명에서 20명 정도의 하인들을 두고 평생 호화로운 생활을 했다.

한편 처칠은 클레멘타인이라고 하는 스코틀랜드 귀족 출신과 결혼을 했는데, 두 사람의 부부관계는 5인의 리더 중에서 가장 모범적이었다. 현모양처였던 클레멘타인은 처칠을 처음부터 끝까지 내조했고, 처칠은 평생 스캔들 같은 것이 전혀 없었다.

하지만 아내 이외의 가족관계에 있어서는 그다지 좋은 편이 아니었다. 귀족 중에 귀족 출신이었던 처칠의 아버지는 46세에 매독으로 미쳐 죽는다. 처칠의 어머니는 미국의 갑부 딸이었는데 남편이 매독에 걸려 젊은 나이에 죽으니 이 남자 저 남자 자유롭게 만나며 내연관계를 맺었다. 처칠이 나중에 군인으로 출세하는 데에 어머니의 애인들을 이용했다는 말도 있다.

처칠의 자녀도 행복하지 못했다. 첫째 딸은 배우가 됐지만 실패를 하고 이혼을 두 번 한 뒤 우울증에 걸려 결국 약물과다로 사망한다. 둘째 아들은 기자였는데 역시 알코올중독으로 파혼을 당하는 처지에 이른다. 셋째 딸도 배우가 되지만 여러 번 이혼하고 알코올중독에 빠진다. 막내딸만 평범한 삶을 살았다. 처칠의 아내가 대단한 현모양처였음에도 불구하고 왜 그렇게 아이들 교육이 실패로 끝났는가에 대해 분석한 책이 나왔을 정도인데, 아무래도 처칠 집안의 알코올중독은 가족력인 것 같다.

처칠은 알코올중독뿐만 아니라 평생을 우울증과 힘겹고 치열하게 싸우며 살아갔다. 우울증 증상이 너무 심해서 자살충동이 느껴질까 봐 발코니나 기차역의 철로 가까이에도 가지 못할 정도였다고 한다. 자신의 우울증을 '블랙독black dog'이라고 표현하며 "나는 평생 블랙독과 살았다."라고 말하기도 했다. 리더로서는 강하고 독선적인 모습의 처칠이었지만, 개인적으로는 한없이 나약하고 불행한 삶을 살았다고 볼 수 있다.

아들과의 관계가 좋지 않았던 스탈린

스탈린의 집은 공식적으로는 크렘린의 아파트였으나, 죽기 전까지 말년 20년을 보낸 곳은 모스크바 주변 쿤세보 숲속의 별장이었다. 스탈린의 딸 스베틀라나는 그곳에서 가족과 함께 즐거운 어린 시절을 보냈음을 회고록에 기록한 바 있다.

스탈린의 사랑은 비밀에 싸인 부분이 많다. 그의 첫사랑은 노동운동을 하다 경찰에게 쫓기던 1905년, 그러니까 26세 때 은신처에서 만난 카토(예카테리나)였다. 사랑에 빠진 스탈린은 그녀를 위해 노래를 부르고 시도 읊었다. 1906년 7월에는 그녀와 결혼을 하고 행복한 신혼을 보냈다. 그러나 스탈린이 혁명 활동에 몰두해 있는 동안 카토가 가난과 고독 속에서 병사하며 16개월의 짧은 결혼생활을 마쳤다. 12년이 지난 1919년 스탈린은 공산당 동료의 딸인 나데즈디 알릴루예바와 재혼하고 크렘린의 작은 아파트에서 신혼생활을 했으나 스탈린의 두 번째 아내는 1932년에 자살했다.

스탈린의 첫 번째 아내가 낳은 장남은 1920년대 말 자살을 시도하다 실패했는데, 스탈린은 그를 약골이라고 부르면서 경멸했다. 반면 두 번째 아내가 낳은 딸 스베틀라나는 끔찍하게 사랑했다. 하지만 스베틀라나는 어머니의 자살을 알고 난 뒤 방황하기 시작했고, 사랑에 빠진 유대인 유부남 영화감독은 아버지에 의해 체포되어 투옥됐다. 그 뒤에도 유대인과 결혼했으나 이혼하고 다시 스탈린의 주선으로 결혼했는데 역시나 이혼했다.

1953년 스탈린 사망 후 스베틀라나는 아버지의 성을 버리고 어머니의 성을 따라 스베틀라나 알릴루예바로 이름을 바꿨다. 그리고 인도 남자와 동거하다가 미국으로 망명한 뒤 아버지를 부정하며 두 권의 자서전 《한 친구에게 보내는 20통의 편지》(1967)와

《바로 그해》(1969)를 출간한다. 그 뒤에도 결혼과 이혼을 반복하다가 2011년 미국에서 죽었다. 아무튼 딸이 남긴 회고록을 보면 스탈린이 아버지로서는 대단히 자상한 사람이었던 것 같다.

아내의 수행비서와 불륜에 빠진 루스벨트

루스벨트는 명문가 출신인 데다가 키도 크고 젊을 때부터 정치인으로서 두각을 나타냈기 때문에 39세에 소아마비에 걸려 반신불수가 되기 전까지는 꽤나 스캔들이 많았다. 그러다가 루스벨트가 뉴욕 주의 상원의원일 때 바지주머니 속에 넣어두었던 애인에게 보내는 편지가 발각되면서 불륜 사실이 들통난다. 불륜 상대는 다름 아닌 아내 엘리너 루스벨트의 수행비서였다.

엘리너 루스벨트는 당장 이혼을 요구했고 루스벨트도 잘못한 게 있으니 이혼하겠다고 합의했는데, 루스벨트의 어머니가 이혼에 반대하여 이혼하지 않았다. 그 대신 엘리너 루스벨트는 그때부터 독자적인 정치가로서 활동을 시작하게 된다. 당시 미국은 여성 투표권도 없을 만큼 여성의 사회적 정치적 지위가 낮았던 시절인데, 남편의 불륜 사건은 엘리너 루스벨트를 정치인으로 발전시켰다.

정치인이 된 엘리너 루스벨트는 미국의 흑인과 여성의 인권 신장, 그리고 세계평화에 기여했다. UN 결성에도 적극 참여했고 세계인권선언도 만들어냈다. 엘리너 루스벨트의 영향이 제일 컸던 것 중에 하나가 1920년에 미국 헌법이 수정되면서 수정헌법 19조로 여성 투표권이 인정된 사건을 들 수가 있다.

루스벨트가 상원의원 시절에 가난한 사람들의 주택 공급이라든가 아동노동의 보호라든가 산아제한 같은 복지문제에 관심을 갖게 된 것도 엘리너 루스벨트의 영향이었다. 뉴딜정책에 있어서도 특히 빈민, 노동자, 농민에게 초점을 맞춘 정책을 펼치도록 한 공로가 바로 엘리너 루스벨트에게 있다. 그만큼 사회적인 약자나 사회적인 불의에 대해 엘리너 루스벨트가 강력하게 의식했고, 그런 문제들을 해결하기 위해서 평생 노력했다. 그래서 루스벨트보다도 그의 아내를 더 높이 평가하는 역사가들도 있다.

이렇게 둘은 부부관계는 단절된 채 정치적으로는 협조하는 사이로 지냈다. 루스벨트의 집은 뉴욕 주의 하이드파크에 위치하고 있었는데, 불륜 사실이 발각된 뒤에 부부가 별거를 하면서 루스벨트의 집과 조금 떨어진 곳에 부인의 집이 새로 지어졌다. 대통령 시절에는 당연히 백악관에서 함께 살았지만, 부부관계는 별로 좋지 않았다.

루스벨트 대통령과 엘리너 루스벨트 사이에는 5남 1녀가 있었는데 아들들은 모두 2차 세계대전에 참전해 훈장을 받기도 했다.

누나의 딸과 결혼한 히틀러

히틀러는 사랑 이야기부터 시작하겠다. 히틀러의 사랑은 약간 비정상적인 면이 있었다. 우선 히틀러는 근친상간으로 태어났다. 히틀러의 어머니가 아버지의 조카, 즉 5촌 질녀였다. 유럽에서는 4촌, 5촌 간의 사랑이나 결혼은 문제가 되지 않는다. 히틀러의 첫사랑이었던 여성도 질녀인 겔리 라우발이었다. 히틀러의 배다른 누나의 딸이었던 라우발은 1925년 이후 히틀러와 연인 관계를 유지하다가 1931년 23세의 나이에 히틀러의 집에서 권총으로 자살을 한다.

2차 세계대전이 끝나기 직전에 히틀러는 베를린에 있는 독일군 벙커에서 권총 자살을 하는데, 자살하기 40시간 전에 에바 브라운과 결혼식을 올렸다. 히틀러의 처음이자 마지막 결혼식이었다. 정치적으로 승승장구하던 40세의 히틀러가 사진관 직원이었던 17세의 브라운을 만나서 은밀하게 사랑을 나누다가 히틀러의 나이 56세, 브라운의 나이 33세에 지하벙커에서 함께 자살로 생을 마감했다. 히틀러는 비밀이 많은 남자였다. 그래서 결혼식을 올리고 자살하기 전까지 아주 극소수의 참모들 외에는 에바 브라운이라고 하는 여성의 존재를 몰랐다고 한다.

리더들의 사생활을 살펴보면 자녀들과 얽힌 안타까운 사연이 많은데, 자녀 문제와 관련되어 가장 행복했던 사람은 히틀러였다. 무자식이라 상팔자였기 때문이다.

리더들의 사생활에서 찾아보는 공통점과 차이점

리더들의 사생활을 살펴보면 서로 닮은 부분도 찾을 수 있고 완전히 다른 부분도 찾을 수 있다. 일단 간디와 처칠은 유머 감각이 뛰어나 사람들을 많이 웃게 했다는 공통점이 있다. 유머 감각이 뛰어나다는 공통점 말고는 간디와 처칠의 성격은 완전히 달랐다. 간디가 굉장히 솔직하고 순진했던 반면, 처칠은 자아도취적인 경향이 강하면서 신경질도 자주 부리고 해서 주변 사람들을 불편하게 만들기 일쑤였다.

한편 루스벨트는 아주 호탕했다. 항상 파이프 담배를 피운 처칠과 달리 루스벨트는 궐련 담배를 피우면서 늘 웃고 있었다. 그런데 그런 루스벨트의 모습이 내면의 고통을 숨기기 위한 것이라고 보는 사람도 있다.

히틀러는 의외로 다정한 남자였다고 한다. 히틀러의 주변에 있었던 사람들, 특히 마지막 비서가 남긴 추억이라든가, 히틀러가 식사를 하기 전에 미리 시식을 하는 여성들의 회고록을 보면 히틀러가 매우 자상하고 친절하고 항상 주변 사람들을 보살피면서 화내는 걸 본 적이 없다고 이야기한다. 히틀러를 표현하는 영화에서 히틀러는 고함을 지르고 광기를 뿜어내는데, 주변 사람들이 개인적으로 남긴 기록들을 보면 자상한 아저씨, 친절한 아저씨, 그리고 아주 멋진 남자였다. 스탈린도 딸이 남긴 회고록을 보면 대단히 자상한 아버지였다.

히틀러와 간디의 사생활에서도 공통점을 찾을 수 있다. 둘 다 채식주의자였고 금주와 금연을 한 모범적인 남자였다. 간디나 히틀러가 인류 역사상 가장 착한 사람, 나쁜 사람으로 대비가 되곤 하는데 묘하게도 식사 습관은 똑같았다. 반면에 처칠과 루스벨트는 술과 담배를 좋아했다. 특히 처칠은 전쟁터에 갈 때마다 보통 위스키 같은 걸 80병씩 챙겨갔다. 처칠 관련 영화를 보면 아침, 점심에 관계없이 술을 마시고 항상 알코올중독 상태로 몽롱하게 지내는 모습을 보게 된다. 스탈린도 술과 담배를 좋아했다.

처칠과 루스벨트, 스탈린, 히틀러를 소유의 리더라고 한다면 간디는 무소유의 리더라고 할 수 있다. 간디가 마지막으로 남긴 유산은 철삿줄로 만든 안경 하나, 샌들 하나 정도밖에 없었다. 간디는 세속을 뛰어넘는, 그리고 모든 삶을 단순화하고 간소화하고 간결화하는 삶을 살았다. 그런 면에서 볼 때 간디와 가장 반대의 삶을 살았던 이는 처칠이었다. 처칠은 엄청난 술고래, 육식주의자에다가 심한 낭비가였다.

루스벨트와 히틀러는 개를 엄청 좋아했다는 공통점이 있다. 특히 루스벨트의 팔라라는 이름의 개는 루스벨트기념관이나 루스벨트도서관을 가면 루스벨트 동상 옆에 꼭 함께 있을 정도로 유명하다. 팔라의 식사도 루스벨트가 손수 챙기고 공식 행사나 외국 출장 때도 반드시 팔라를 데리고 다닐 정도로 아끼고 사랑했다. 언젠가 팔라를 잃어버린 적이 있었는데 군함을 동원해 팔라를 찾아나섰다고 한다. 그러면서 루스벨트가 나를 욕해도 팔라는 욕하지 말라는 이야기를 하기도 했다. 루스벨트 부부는 팔라 이외에도 대통

히틀러와 에바 브라운이 그들의 별장이 있었던 베르히테스가덴에서 개들과 즐거운 시간을 보내고 있다. 히틀러는 동물들을 끔찍이 아낀 동물 애호가였다. 세계 최초로 동물보호법을 만든 사람도 히틀러였다. 특히 블론디라는 이름을 가진 셰퍼드(사진 오른쪽)에 대한 사랑이 유별났다. 에바 브라운은 17세부터 33세까지 16년 동안 히틀러의 곁을 지켰으며, 히틀러와 함께 지하벙커에서 자살로 생을 마감했다.

령 재직 기간 동안 8마리의 개를 키웠다. 루스벨트 부부의 무덤 옆에 또 다른 무덤 하나가 더 있는데 그것은 자녀의 무덤이 아니고 개 무덤이다.

히틀러도 개를 좋아했다. 특히 거대한 암컷 셰퍼드 블론디에 대한 사랑이 유명하다. 히틀러는 다른 동물들도 끔찍이 아꼈다. 전 세계에서 동물보호법을 최초로 만든 사람이 바로 히틀러였다. 유대인 600만 명을 잔인하게 죽인 히틀러가 동물을 그렇게 사랑했다는 것은 참으로 뜻밖의 일이다. 한편 처칠은 개도 좋아했지만 고양이를 더 좋아했다. 특히 루퍼스라는 고양이를 아꼈다. 간디는 특정한 애완견이나 애완묘를 데리고 산 건 아니지만 동물 사랑에 있어서는 남보다 뒤지지 않았다.

5인의 리더들은 종교가 각자 달랐다. 간디는 힌두교, 처칠은 영국성공회, 루스벨트는 기독교였다. 히틀러는 가톨릭교였는데 1931년 가톨릭교로부터 파문을 당했다. 스탈린은 유일하게 무교였으나 다른 공산권 지도자보다는 종교에 호의적이었다.

이들은 복장 스타일도 완전히 달랐는데, 거의 아무것도 입지 않았던 간디와는 달리 처칠은 중절모, 지팡이, 최고급 옷, 사이렌슈트라는 일자복, 원피스 등 다양한 복장을 선보였다. 그중에서 사이렌슈트는 처칠 본인이 직접 디자인했다고 하는데, 전쟁 때 빨리 도망가기 위해 지퍼로 채워서 금방 입고 벗을 수 있도록 고안되어 있다. 루스벨트는 양복 정장을 주로 입었고, 히틀러는 군복 차림에 군인 시절에 받은 철십자훈장을 항상 달고 다녔으며, 스탈린도 항상 군복이나 인민복을 입었다.

남성으로서 매력적이지 않았다는 점은 모두가 같았다. 5인의 리더 중에 간디나 처칠, 스탈린, 히틀러는 키가 아주 작았다. 간디는 160센티미터 정도고, 처칠이나 스탈린은 간디보다 조금 컸다. 게다가 간디는 비쩍 말랐다. 반면에 처칠은 비대했다. 히틀러는 간디나 처칠보다는 키가 컸지만 히틀러가 그토록 자부심을 가졌던 아리안족의 금발과 파란 눈과 큰 키와는 거리가 먼 사람이었다. 오히려 열등하다고 비하했던 슬라브족에 가까운 흑발에 약간 검은 갈색 눈을 가지고 있었다. 루스벨트는 키가 컸지만 인생의 반 이상을 휠체어를 탄 채 살아야 하는 반신불수여서 큰 키를 자랑할 수가 없었다.

게다가 이 5인의 리더는 병들이 많았다. 간디는 건강에 대한 책을 쓸 정도로 평생 건강을 챙겼는데, 완벽한 채식이 반드시 건강을 보강하기는 않는지 항상 속이 좋지 않았다. 처칠은 우울증을 극복하기 위해서 글을 쓰고 그림을 그리고 정치 활동을 했다고 보는 사람이 있을 정도로 고통이 심했다. 히틀러도 위장병을 앓아서 소화 기능이 항상 불량했다. 소아마비를 앓아 반신불수가 되었던 루스벨트는 말할 것도 없겠다.

이처럼 전 세계를 호령한 리더들도 사생활이 있었고, 그 안에서는 매우 평범하고 일상적인 삶을 살았다. 때로는 일탈도 했고, 때로는 개인사로 인해 편치 않은 시간을 보내기도 했다. 또한 사생활에서는 대외적인 이미지와는 전혀 다른 반전의 모습을 보이기도 했다. 이를 통해 그들도 우리와 다를 바 없는 '인간'이었음을 알 수 있다.

제9장

창조냐 파괴냐, 리더의 선택

지금 우리에게는 가장 훌륭한 민주국가, 인권국가, 복지국가, 사회국가라는 새로운 비전을 세워야 하는 과제가 주어졌다. 그 어느 때보다 리더의 역할이 중요한 순간이다. 그런데 리더라고 하는 것은 국민 다수의 결정에 의해 만들어진다. 그러므로 국민 다수가 어떤 리더를 요구하는가의 문제다. 결국 어떤 리더가 결정되는지는 국민 수준에 달려 있다.
그렇다면 지금 우리에게는 어떤 리더가 필요할까? 역사적으로 가장 혼란스러웠던 20세기 전반기에 양차 세계대전과 대공황의 위기를 극복했던 5인의 리더로부터 그 과제를 풀어나갈 수 있는 열쇠를 찾을 수 있지 않을까?

무엇이 리더를 만들까?

우리는 흔히 리더의 조건으로 카리스마를 든다. 카리스마라는 말이 좋은 의미로 쓰일 때도 있고 나쁜 의미로 쓰일 때도 있지만 원래는 선악의 가치판단이 개입되는 용어는 아니다. 카리스마는 한 개인이 다른 많은 사람들을 매료하는 특수한 능력이라고 할 수 있다. 카리스마 리더십을 보여주기 위해서는 고난과 역경 앞에서 강한 의지와 불굴의 정신을 갖춰야 한다. 더 나아가 남들이 보지 못하는 것을 보면서 먼 미래를 설계하는 비전도 필요하다. 참모들의 힘과 능력을 적재적소에 활용할 줄 아는 용인술도 발휘해야 한다. 5인의 리더에게는 그런 특별한 면이 있었다.

사람들은 끊임없이 역경에 부딪친다. 이 책에 등장한 5인의 리더 역시 수많은 역경과 마주해야 했다. 그것을 불굴의 정신력으로 이겨냈다. 리더가 그렇게 할 수 있는 가장 기본적인 요소는 용기다. 용기야말로 리더들의 필수적인 심성이라고 할 수 있다. 예를 들어 간디가 비폭력 저항운동을 지향하고 폭력 저항운동을 거부했지만, 용기가 없었다면 오히려 비폭력보다 폭력이 낫다고 주장했을 것이다. 진정한 용기는 폭력이 아니라 비폭력에 있기 때문이다. 39세 때 소아마비에 걸리는 절망 속에서도 용기를 잃지 않고 재활에 힘썼던 루스벨트의 재기 과정은 그야말로 한 편의 영화처럼 감동스럽기까지 하다.

그러나 용기만으로는 충분하지 않다. 리더에게는 어떤 비전을 갖는, 그러니까 앞을 바라볼 수 있는 선명지명 혹은 예지력 같은 것이 필요하다. 지금 바로 목전의 이익에 급급하지 않고 먼 미래를 바라보며 자기 나름의 관점에서 사람들을 이끌어갈 수 있는 비전이 필요하다.

또한 리더는 독불장군이 되어서는 안 된다. 위대한 리더에게는 반드시 아주 현명하고 용기 있는, 그러면서 철두철미 리더를 위해 봉사하는 참모가 필요하다. 5인의 리더는 모두 그런 훌륭한 참모들을 거느렸다.

루스벨트의 뉴딜정책의 경우 단순히 댐 공사로 끝나는 것이 아니고 정치, 경제, 사회, 문화 전반에 걸친 근본적인 개혁을 수반한 것이기 때문에 정치 전문가, 경제 전문가, 사회 전문가, 문화 전문가 등 수많은 전문가들이 루스벨트 주위에 있었다. 예를 들어 미국 역사상 최초의 여성 노동부 장관을 했던 프랜시스 퍼킨슨은 우리에게는 잘 알려지지 않았지만 미국의 노동법이나 사회보장법에 있어 아주 중요한 역할을 해냈던 루스벨트의 참모였다.

이렇듯 5인의 리더는 모두 카리스마를 가지고 있었다. 그들은 아주 강한 의지를 소유했고, 그래서 실패를 하고 넘어져도 다시 일어나는 오뚝이 같은 불굴의 정신력을 보여주었다. 선견지명을 통해 앞날을 내다보는 비전도 가지고 있었다. 그런 그들의 곁에는 훌륭한 참모들이 머무르며 단단히 힘을 보탰다. 리더의 조건을 완벽히 갖춘 셈이다.

리더들은 어떤 이데올로기를 추구했을까?

5인의 리더들이 하나의 이데올로기에만 평생 충실했는가 하면 반드시 그렇지는 않은 것 같다. 간디를 보통 민족주의자라고 하는데, 네루 등 다른 인도의 민족주의자와는 좀 다르게 간디는 아나키스트적인 면이 있었다. 간디는 마지막까지 인도의 분리가 아니라 통일을 주장했지만 이는 당시에 네루 등 다른 인도 독립운동가들이 생각했던 강대한 인도, 강력한 인도, 발전하는 인도, 부유한 인도하고는 차원이 다른 것이었다.

간디가 구상한 인도 해방 이후의 헌법안에 의하면 간디는 거의 70만 개 정도의 마을 단위로 나누어지는 마을 공화국 형태를 꿈꾸고 있었다. 즉 70만 개의 마을이 자치를 하는 정치형태를 취하면서 그 마을들이 인도라고 하는 전체 국가를 연대적으로 형성하는 헌법안을 구상했다. 그 헌법안은 간디가 평생 추구한 인도의 마을 민주주의를 기본으로 하는 것으로, 중앙집권주의에 반하는 지방분권주의임은 물론이거니와 지방분권주의에서도 다 나아가 마을분권주의라고 해야 할 정도로 마을이라는 작은 공동체의 자치를 존중하는 입장이었다. 그것은 자유로운 개인들로 구성하는 자치 헌법 모델이었고, 또 그 마을 공화국은 서양식 산업이나 기계나 물질주의가 아니라 자연을 존중하는 인도의 고유한 생태적인 삶의 원칙에 입각한 공화국이었다.

처칠도 하나의 이데올로기에만 충실하지 않았던 것은 마찬가지다. 처칠은 영국 입장에서는 전쟁을 승리로 이끈 자유주의자였고 자본주의자였지만, 대외적으로는 그 어떤 리더보다도 강력한 제국주의자였다. 영국의 입장에서 볼 때 처칠의 이런 면모는 영국이 그동안 이룩했던 대영제국을 수호한다는 의미에서 대단히 다행스러운 점이었지만, 인도를 비롯한 식민지 차원에서 본다면 너무나도 불행한 일이었다.

스탈린도 마찬가지다. 그는 공산주의자였지만 동시에 제국주의자였고 파시스트적인 측면도 지녔다. 그래서 진정한 공산주의가 무엇인지에 대해 의문을 품게 했다. 이런 이유 때문에 스탈린으로 인해 공산주의나 사회주의에 실망하여 전향한 사람들도 많이 생겨났다.

자유주의를 대표하는 미국의 대통령이었던 루스벨트도 뉴딜 정책을 통해 파시즘적인 모습을 보여주었다. 루스벨트는 자유주의를 다르게 생각했다. 즉 개인이 감당할 수 없는 상황이 터지면 정부가 나서서 새로운 처방을 찾아야 하고, 개인의 자유가 저해되면 국가가 그 자유를 지키기 위해서 책임을 져야 한다는 의미로 생각했다. 이는 종래의 전통적인 자유주의, 즉 개인이 무엇을 하든 그냥 놔두는 것이 자유라고 생각하는 자유방임주의의 자유주의와는 다른 것이었다.

우리는 보통 돈 가진 사람들이 자기 마음대로 재산을 축적하는 것만을 자유주의라고 생각한다. 특히 우리나라에서는 자유주의라고 하면 재산권의 자유만을 강조하는 경향이 있다. 하지만 루스벨트의 자유주의는 재산의 절대주의, 즉 내가 가진 재산을 내 멋대로 자유롭게 행사할 수 있는 것이 아니었다.

처칠의 자유주의라고 하는 것도 영국의 노동당 정도까진 아니지만 노동자의 자유라든가 노동자의 복지, 사회보장 같은 국민의 기본적인 복지가 인정되는 차원이었다. 영국이나 미국, 프랑스, 독일처럼 우리보다 역사적인 발전이 좀 더 빨랐던 선진국들의 경우는 이미 야만적이고 원시적인 자유주의의 차원은 극복했다고 볼 수 있다.

히틀러는 우리가 봤을 때 독재주의, 전체주의, 파시스트를 대표하는 인물이지만 독일인의 입장에서 보면 대단한 민족주의자였다. 1차 세계대전의 결과로 맺어진 베르사유조약이 그야말로 독일을 완전히 파멸시킬 정도로 파괴적인 힘을 가졌었는데, 그것을 극복하고 새로운 독일, 강력한 독일을 부르짖으며 독일 국민들에게 희망을 선사한 히틀러야말로 독일 역사상 가장 위대한 민족주의자라는 칭송을 받을 정도다.

전반적으로 처칠이나 스탈린, 루스벨트, 히틀러는 철저한 제국주의자였다. 반면에 간디는 제국주의에 대립하는 민족주의자였다. 20세기 역사를 유럽 중심, 또는 선진국 중심, 또는 미국을 포함하는 서양 중심으로 보기 때문에 보통 양차 세계대전을 민주주의와 전체주의의 대립이라고 얘기한다. 또 대공황을 극복하는 방식도 마찬가지로 뉴딜정책과 같은 민주주의적 극복이냐, 아니면 히틀러 식의 전체주의적 극복이냐를 가지고 구분한다. 하지만 20세기를 더 큰 틀에서 본다면 오히려 제국주의와 민족주의의 대립이라고 보는 게 맞다.

그들은 창조자였을까, 파괴자였을까?

미국 하버드대학교 심리학과 교수이자 인지과학과 교육심리학 분야의 세계적인 석학 하워드 가드너Howard Gardner는 '다중지능'이라는 개념을 개발했다. 인간은 IQ라고 하는 것으로 측정되는 지능뿐만이 아니라 그밖에 많은 지능을 가지고 있는데, 그 지능 중 하나가 창조성이라고 말했다. 창조성은 아이처럼 세상을 바라보는 힘에서 나오고 문화 사회의 지원을 받는 환경에서 나온다고 보았다.

가드너는 인류 역사상 창조성을 갖는 천재들의 예로 정신분석학을 만든 프로이트, 상대성이론을 만든 아인슈타인, 미술 혁명을 이룩한 피카소, 음악 혁명을 이룩한 스트라빈스키, 시 혁명을 이룩한 T.S. 엘리엇, 그리고 무용 혁명을 이룩한 그레이엄 같은 각 분야의 혁명적이고 창조적인 예술가들과 함께 간디를 꼽았다. 과학, 철학, 예술 분야 6명의 천재가 가졌던 창조성에 버금가는 간디의 창조성을 소통성, 인간 관계, 대인 관계, 인간 친화력에서 찾았다. 결국 비폭력 저항이라고 하는 것은 소통, 공감, 상호 교류의 창조성에서 비롯된 것이었다.

솔직히 간디는 내 입장에서도 참 창조적인 리더로 보인다. 인류 역사상 강대국이 약소국을 정복했을 때 약소국이 강대국에 저항하는 방식으로 비폭력 저항을 선택한 적이 있었던가. 예수가 성경에서 가르친 원수를 사랑하라는 이념, 또는 부처가 말한 자비라는 이념이 실제로 정치 현실에서는 반영되기가 힘든데, 그것을 인류 역사상 유일하게 실천적으로 보여준 사람이 간디였다. 그래서 간디를 '마하트마'라 부르는 게 아닐까.

간디 정도는 아니었지만 루스벨트도 창조성이 뛰어난 리더였다고 생각된다. 미국이 대공황이라는 지독한 경제 위기에 빠졌을 때 뉴딜정책이라는 새로운 국가정책을 제시했다는 점에서 미국 역사상 다른 지도자들에게는 찾아볼 수 없었던 창조성이 돋보인다. 반면에 처칠은 진보적인 창조성보다는 오히려 보수성이 강한 리더였다. 대영제국이라는 것을 끝까지 지키려고 노력했다는 의미에서 보수적 리더였다. 스탈린도 마찬가지로 소련을 세계 최강으로 만들고자 한 보수적 리더였다.

히틀러는 그야말로 파괴적 리더였다. 물론 히틀러도 처음부터 모든 것을 파괴하는 리더는 아니었다. 1939년 2차 세계대전을 일으키기 전까지만 해도 오히려 창조적인 리더라고 평가할 수 있을 만한 일도 많이 했다. 하지만 2차 세계대전이 일어나면서 전쟁을 유발한 당사자일 뿐만 아니라 반유대주의라든가 인종차별주의 같은 비극을 만들어냈다는 점에서 파괴적인 리더의 표상으로 손꼽힌다.

간디는 창조적인 리더이기도 했지만 정신적인 리더이기도 했다. 간디는 단식 같은 것을 통해서 극기의 정신을 강조했는데, 자신의 정신적 단련을 민족 해방과 반드시 연관시키진 않았다. 그러나 인도가 독립을 해야 하는 이유 중 하나가 영국으로 상징되는 제국주의, 자본주의의 물질성, 세속성을 반드시 극복할 필요가 있기 때문이라는 점은 분명히 해두었다. 물론 본인부터가 자신의 삶에 대한 내면적 성찰을 게을리하지 않았고, 비세속적인 나름의 새로운 생활방식을 항상 시도했다.

그러면서 단지 지도자가 영국인에서 인도인으로 바뀌는 것은 진정한 의미의 독립이 아니고, 인도인들이 보다 도덕적이고 윤리적으로 다시 부활해야만 진정한 독립의 의미가 있다고 보았다. 민족 해방의 진정한 의미는 보다 윤리적이고 도덕적인 인간으로 부활하는 것이라고 주장한 점에서 역시 간디는 정신적인 리더가 맞다. 처칠, 스탈린, 루스벨트, 히틀러도 정신적인 측면에서 용기나 의지 같은 것은 부각되지만 보다 윤리적이고 보다 도덕적이고 보다 철학적인, 또한 종교적이라고 할 정도로 깊은 신앙심까지 갖춘 리더는 간디가 유일하다.

문명의 갈림길에서 리더에게 묻다

이 책에서 리더들은 문명의 갈림길이라고 할 수 있는 20세기 전반, 즉 양차 세계대전과 그 사이 발생한 대공황의 위기를 극복해냈다. 이 책의 핵심은 그런 급변하는 위기 상황, 혼돈 상황에서 리더들이 어떻게 대응했는가를 살펴보면서 우리에게 닥친 위기와 혼돈의 상황을 지혜롭게 헤쳐나갈 수 있는 해답을 찾는 것이다.

진정한 리더는 시대의 사상, 시대의 근본, 시대의 철학을 바꾸는 사람이다. 우리가 살펴본 5인의 리더 중에서 특히 간디와 루스벨트가 그런 리더였다. 처칠, 히틀러, 스탈린 역시 적어도 그들의 나라에서는 각각 훌륭한 리더로 찬양되기도 했다. 히틀러의 경우는 2차 세계대전 발발 이전이라고 하는 시간적인 한계를 둬야 되겠지만, 아무튼 세 사람 모두 그들의 나라에서는 민족적, 국가적 영웅이었다.

사실 리더의 문제는 리더만의 문제가 아니라 결국은 국민 수준의 문제다. 결국은 독일 국민이 히틀러를 원했기 때문에 히틀러가 탄생한 것이다. 또 영국 국민이 처칠을 원했기 때문에 처칠이 권력을 잡은 것이다. 우리가 박정희 대통령이나 전두환 대통령에 대해서 부정적인 평가를 하기도 하지만, 그 시대는 어쨌든 그들을 우리 국민들이 원했다.

사실 우리 모두가 리더다. 한 가정의 가장도 리더이고 작은 지역사회의 원로도 리더이며 형제 사이의 형님도 리더가 될 수 있다. 우리가 함께 살아가다 보면 때에 따라 리더로서의 역할을 해야 하는 순간이 생긴다. 그러니까 우리는 모두 리더로서의 심성을 가지고 있다. 당연히 우리 모두가 지금까지 살펴본 5인의 리더가 가졌던 장점들을 가져야 한다. 그래야 좋은 리더가 우리 사회에 출현할 수 있고, 그들이 우리나라와 우리 시대를 창조적으로 이끌 수 있다고 생각한다.

나는 개인적으로 1945년 해방 이전 일제강점기에는 우리 사회에 간디 같은 리더가 있었으면 좋았겠다고 생각되고, 1945년 이후에는 루스벨트 같은 리더가 있었으면 좋았겠다는 생각이 든다. 1945년 이전에는 민족 독립이 최우선 과제였고 1945년 이후에는 국가 건설이 최우선 과제였기 때문이다.

그리고 지금 현시대에는 다시 간디 같은 리더가 필요하다고 생각된다. 간디와 루스벨트는 국민들을 섬기는 서번트 리더십을 보여주었고 처칠과 스탈린과 히틀러는 그것과 대립되는, 그러니까 국민 위에 군림하는 마스터 리더십을 보여주었다. 지금 우리 시대에 바람직한 리더십은 서번트 리더십이 아니겠는가. 국민을 섬기는 리더십을 보여준 간디와 루스벨트 중에서도 민족적 주체성, 도덕적 진실성, 실용성, 투명성, 그리고 민주성을 강조했던 간디가 지금의 민주주의 사회에는 가장 절실한 리더일 듯싶다.

지금은 강력한 리더를 요구하는 시대는 아니다. 우리나라 국민들 중 리더가 강해야 우리가 봉착한 위기를 극복할 수 있다고 주장하는 이들도 많이 있다. 그래서 우리나라에서는 처칠 같은 사람들의 리더십에 대해 가장 많이 이야기한다. 또 인생을 전쟁처럼 치르자는 책들도 많이 나온다. 강인한 의지와 불굴의 투지로 역경을 이겨내는 그런 리더가 이 시대에 요구되는 리더일까?

나는 그렇게 생각하지 않는다. 이 시대는 진실하고 주체적이고 공공성을 확보할 수 있고 평화를 지향하는 리더가 필요하다. 그리고 어떤 관념이나 이데올로기를 주장하는 것이 아니라 어디까지나 실용적이고 실무적인 시각을 가지고 있으며, 민족이나 국가의 이익만을 주장하는 것이 아니라 보다 보편적이고 세계적인 비전을 갖고 있는 리더가 필요하다.

우리가 그동안 경험했던 권위주의 시대에 막강한 힘을 휘둘렀던 독재자 같은 리더는 이제 청산해야 된다. 더 이상 우리 역사에 그런 리더가 등장해서는 안 된다. 타인의 문제, 타인의 고민, 타인의 고통을 이해하는 가운데 생겨나는 공감능력으로 민족의 곤경을 극복해낸 간디와 같은 리더가 지금 우리에게 필요하다.

간디는 7대 사회악을 극복해야 된다고 했다. 즉 철학 없는 정치, 도덕 없는 경제, 노동 없는 부, 인격 없는 교육, 인간성 없는 과학, 윤리 없는 쾌락, 헌신 없는 종교가 간디가 꼽은 7대 사회악이었다. 지금 우리 사회도 크게 다르지 않다고 나는 생각한다.

사진 출처

21쪽 ⓒEverett Collection/Shutterstock.com | 51쪽 ⓒElzbieta Sekowska/Shutterstock.com
84쪽 ⓒEverett Collection/Shutterstock.com | 111쪽 ⓒ360b/Shutterstock.com
124쪽 ⓒRaksyBH/Shutterstock.com | 149쪽 ⓒEverett Collection/Shutterstock.com
165쪽 ⓒEverett Collection/Shutterstock.com | 175쪽 ⓒEverett Collection/Shutterstock.com
198쪽 ⓒMikhail Pogosov/Shutterstock.com | 201쪽 ⓒEverett Collection/Shutterstock.com
223쪽 ⓒEverett Collection/Shutterstock.com

사진과 그림의 게재를 허락해주시고 자료를 제공해주신 분들께 감사드립니다.
저작권자를 찾지 못해 허락을 받지 못한 사진은 저작권자가 확인되는 대로
허락을 받고 통상의 기준에 따라 사용료를 지불하겠습니다.

EBS CLASS ⓔ 시리즈 09

리더들은 어떻게 위기를 기회로 바꾸었는가

혼돈의 시대, 리더의 길

초판 1쇄 2020년 12월 14일

지은이 박홍규
펴낸이 김명중
콘텐츠기획센터장 류재호 | 북&렉처프로젝트팀장 유규오 | 북매니저 박성근
북팀 김현우, 장효순, 최재진 | 렉처팀 허성호, 정명, 유가영, 최이슬 | 마케팅 김효정
책임편집 김윤정 | 디자인 구민재page9 | 인쇄 상식문화

펴낸곳 한국교육방송공사(EBS)
출판신고 2001년 1월 8일 제2017-000193호
주소 경기도 일산시 일산동구 한류월드로 281
대표전화 1588-1580 홈페이지 www.ebs.co.kr

ISBN 978-89-547-5606-8 04300
      978-89-547-5388-3 (세트)